SOCIÉTÉ

POUR

LA DÉFENSE ET LE DÉVELOPPEMENT

du Commerce et de l'Industrie à Bordeaux

IMPÔT CÉDULAIRE

sur les Revenus

Étude présentée le 10 Janvier 1918

BORDEAUX

IMPRIMERIE NOUVELLE F. PECH & Cⁱᵉ

7, RUE DE LA MERCI, 7

1918

SOCIÉTÉ

POUR

LA DÉFENSE ET LE DÉVELOPPEMENT

du Commerce et de l'Industrie à Bordeaux

IMPOT CÉDULAIRE

sur les Revenus

Étude présentée le 10 Janvier 1918

BORDEAUX

IMPRIMERIE NOUVELLE F. PECH & Cie

7, RUE DE LA MERCI, 7

1918

AVERTISSEMENT

Le nouveau système d'impôts directs résultant des lois des 29 Mars 1914, 15 Juillet 1914, 30 Décembre 1916 et 31 Juillet 1917, va entrer pleinement en vigueur le 1er Janvier 1918.

A cette date, les quatre contributions directes auront vécu. L'impôt foncier, la cote personnelle-mobilière, les portes et fenêtres, la patente, seront allés rejoindre dans l'histoire la taille et la corvée. Espérons que malgré la guerre, cette même date verra devenir définitivement hors d'usage l'expression « taillable et corvéable à merci ».

Jusqu'ici, les contribuables n'avaient guère à s'occuper de leurs contributions, que pour les payer. Pour beaucoup, cela suffisait. En recevant la feuille, ils la comparaient à celle de l'an passé, la trouvaient plus élevée (elle l'était), maugréaient, quelquefois réclamaient au percepteur, qui n'y peut rien, allaient jusqu'à perdre le vendredi une demi-journée à l'Athénée... et payaient. Rares étaient ceux qui se rendaient compte, ou consultaient une agence sérieuse de détaxe.

Combien de propriétaires savent qu'en cas de non-location d'un immeuble ils ont droit à une remise d'impôt ! Combien connaissent la procédure à suivre, pourtant bien simple !

Cette insouciance va devenir une négligence qui pourra coûter cher. Avec le nouveau système, ce seront des déclarations à faire, des délais à observer, sous des pénalités en argent assez sérieuses. A chacun donc de savoir au juste ce qu'il a à faire, et de le faire.

En vue d'être utile à ses adhérents, la Société pour la Défense a entrepris une étude des nouvelles contributions. Elle l'a faite aussi complète et aussi sûre que possible, en utilisant uniquement les débats parlementaires et documents du *Journal Officiel*. Elle aura soin de la tenir au courant de toutes les modifications. Elle sera heureuse de voir consulter son modeste travail.

En terminant, quelques conseils :

Tenez une comptabilité, si sommaire soit-elle. Vous éviterez les taxations d'office, toujours fort lourdes, et les discussions avec le fisc, où le commerçant, privé de moyens de preuves, a trop souvent le dessous. En outre, vos livres de commerce, ou à leur défaut des écritures succinctes, peuvent faire foi.

Faites cadrer votre inventaire avec l'année civile : c'est une nécessité qui bientôt ne sera plus discutée, tant sont grands les désavantages qu'entraînent des bilans clôturés en cours d'année. Un bilan au 31 Décembre fixe l'assujetti pour toutes ses déclarations. Clos à une autre date, il oblige à deux ou trois demandes de prorogation de délai, à renouveler chaque année. Oubliées, elles motivent des pénalités sérieuses ; accordées, elles compliquent la liquidation et la vérification de l'impôt. — On heurte là de très vieilles habitudes, mais le système fiscal actuel exige que les règles commerciales se conforment à lui.

Agissez en toute franchise avec le contrôleur. D'abord, il vous doit le secret professionnel : en le trahissant, il s'expose à des peines sévères. Ensuite, vous y gagnerez sa confiance, ce dont vous n'aurez pas à vous repentir. Enfin, ne jouez pas au plus fin avec lui : vous pourriez lourdement vous tromper.

Gardez soigneusement vos feuilles, quittances, doubles de déclarations, réclamations. N'oubliez pas d'y joindre les copies de vos déclarations de successions, déclarations d'impôt sur les bénéfices de guerre, etc., etc. Le contrôleur a tout cela sous la main : soyez au moins aussi bien outillé que lui. Et renseignez-vous avant de réclamer, de manière à ne réclamer qu'à coup sûr. Vous épargnerez ainsi son temps — et le vôtre.

Enfin, et surtout. n'attendez pas, pour vous informer, la contrainte du percepteur. On voit encore des patentés, ignorant tout de l'impôt sur les bénéfices de guerre, arriver tout effrayés lorsqu'il n'est plus temps de déclarer, de réclamer... qu'il ne reste qu'à payer sur une évaluation d'office. Cela peut coûter cher. — Avec l'étude ci-après, en une demi-heure chacun peut se rendre compte de la cédule qui le concerne principalement; au besoin, il peut consulter notre chef du secrétariat, quitte à s'adresser ensuite à un Office de législation fiscale.

IMPOT SUR LES REVENUS

Le nouveau système d'impôts directs comprend :

Une série d'impôts dont chacun porte sur chaque catégorie de revenus d'un contribuable, ou cédules, distinguée par son mode de calcul. C'est l'impôt cédulaire ou impôt sur les revenus.

Un impôt portant sur l'ensemble du revenu du contribuable, au-dessus d'une certaine limite, et se superposant aux précédents. C'est l'impôt complémentaire ou impôt sur le revenu.

Ce dernier est déjà en vigueur (loi du 15 Juillet 1914); le premier existe déjà en partie. Nous nous occupons ici de l'impôt sur les revenus.

Les lois relatives à l'impôt sur les revenus, et leurs travaux préparatoires, font l'objet d'une littérature parlementaire considérable remontant à la loi du 21 Juillet 1894 (autorisant le ministre des finances à faire procéder aux évaluations nécessaires pour transformer l'impôt foncier non bâti en un impôt sur le revenu), ou même à celle du 29 Juin 1872 instituant l'impôt sur le revenu des valeurs mobilières.

Il serait interminable de tout énumérer ici; du reste, ce serait en grande partie sans intérêt. La plupart de ces travaux et de ces débats se rapportent à des difficultés aujourd'hui résolues, à des discussions actuellement closes. On les trouve rappelés ou résumés dans la mesure utile au cours des documents plus récents indiqués ci-après.

Loi du 29 Mars 1914 (*Officiel* du 31, p. 2967), concernant la contribution foncière des propriétés bâties et non bâties, et l'impôt sur le revenu des valeurs mobilières françaises et étrangères.

Sénat. — Rapports supplémentaires de M. Aimond : S. O. 1914, pp. 104 et 112; Rapport principal, S. E. 1913. p. 27; Débats, S. O. 1914; Discussion générale, pp. 11, 25, 86, 93, 107, 122, 135, 168, 184; discussion des articles, pp. 193 et suivantes; adoption, p. 436.

Chambre. — Rapport de M. Dumesnil : Débats, S. O. 1914, p. 1991; Discussion générale, p. 2005 ; discussion des articles, p. 2013; adoption, p. 2022.

Loi du 15 Juillet 1914 (*Officiel* du 18), portant fixation du budget général des dépenses et des recettes de l'exercice 1914. — Les articles 5 à 24 établissent l'impôt complémentaire sur le revenu.

Chambre. — Projet (Doc. Ch. S. O. 1914, n° 3735, p. 1508).
Rapport (id., n° 3787, p. 1545).
Avis de la commission de législation fiscale (id., n° 3799, p. 1567).
Débats, S. O. 1914, p. 2069; adoption, p. 2179 : incorporation dans la loi de finances. Discussion des retouches du Sénat, pp. 2937 à 3011, 3050, 3088, 3091, 3094.

Sénat. — Avis de la Commission (M. Aimond), S. O. 1914, n° 313, p. 632.
Débats, S. O. 1914, pp. 969, 1255, 1282, 1289, 1290, 1291.
Voir la Note de l'Administration aux contribuables, de Janvier 1916 (Décret du 15 Janvier 1916).

Cette loi a été modifiée par les suivantes :
29 Décembre 1915, 30 Décembre 1915, 23 Février 1917, 29 Juin 1917, 31 Juillet 1917.
Décret du 17 Janvier 1917, portant règlement d'administration publique pour l'exécution de la loi du 15 Juillet 1914, complété par celui du 17 Décembre 1917.

Loi du 31 Juillet 1917 (*Officiel* du 1er Août). Rapport Dumesnil (Doc. Ch. 1917, pp. 450 et 848).

Rapport Perchot (Doc. Sénat 1917, p. 490).
Débats à la Chambre les 16, 17 et 18 Juillet 1917.
Débats au Sénat le 31 Juillet 1917.
Voir la Note aux contribuables, de Décembre 1917, contenant tous les textes importants, et la liste des communes situées dans un rayon de 25 kilomètres des fortifications de Paris.

Cette étude semble devoir se présenter en deux parties :
Principes généraux du système,
Règles relatives à chaque cédule.

Tous articles cités sans autre indication sont ceux de la loi du 31 Juillet 1917.

PREMIERE PARTIE

PRINCIPES GÉNÉRAUX DU SYSTÈME

I. — Système de remplacement.

Jusqu'ici nos impôts nouveaux ont été des taxes de superposition, malgré la formule courante en période électorale : Ni emprunts, ni impôts nouveaux.

Le système cédulaire est au contraire destiné à remplacer les quatre contributions directes : impôt foncier, bâti et non bâti, cote personnelle-mobilière, portes et fenêtres, patentes.

Pour l'impôt foncier, la transformation a été faite par la loi du 29 Mars 1914, à partir du 1er Janvier 1915 (art. 1 et 2 de ladite loi); pour les trois autres, par celle du 31 Juillet 1917, à partir du 1er Janvier 1918.

Elle ne concerne actuellement que le principal, et les centimes additionnels perçus au profit de l'État (art. 1), mais une loi spéciale est annoncée (art. 44) en vue de pourvoir au remplacement des centimes départementaux et communaux.

En attendant :

Pour l'impôt foncier, ces derniers centimes sont calculés par proportion (loi du 29 Mars 1914, art. 26).

Pour les trois autres contributions directes, le principal sera établi, selon les règles actuelles, sur la base de l'année 1917, mais sans être perçu, et seulement à titre de procédé de calcul (art. 44).

Le principal fictif des patentes servira de base à la taxe destinée au fonds de garantie des accidents du travail (loi du 9 Avril 1898, art. 5), à la contribution pour la constitution d'un fonds de prévoyance dit « des blessés de guerre » (loi du 25 Novembre 1916), et aux taxes perçues au profit des Bourses ou des Chambres de commerce (art. 46). Ces dernières ne sont pas perçues à Bordeaux.

Est exceptée de la nouvelle législation la redevance sur les mines, qui reste soumise aux lois actuelles (art. 53).

II. — Indépendance des cédules.

La cédule n'a pas de définition légale; on peut donner la suivante : division de l'assiette de l'impôt, c'est-à-dire des revenus, d'après le mode de calcul que chacun d'eux comporte.

Il y a trop de différences entre les diverses sources de revenus, pour qu'il soit possible d'y adapter un mode d'évaluation et de taxation unique, sans aboutir à une inquisition reconnue inadmissible par l'opinion publique, et aussi par le Parlement (Sénat, Débats, 20 Janvier 1914. S. O. 1914, p. 12 et sqq.).

Il suit de là que les moyens de détermination du revenu imposable (évaluations, abattements, déductions...), les taux et la liquidation de l'impôt, sont soumis d'une cédule à une autre à des règles toutes différentes. Cela est de l'essence même de l'impôt sur les revenus.

Chaque contribuable ayant plusieurs sources de revenus recevra donc autant de feuilles d'impôt, dont chacune sera établie d'une manière particulière, et il n'aura pas à les comparer entre elles, à aucun point de vue.

Néanmoins :

Il peut y avoir exceptionnellement des règles communes à plusieurs cédules, mais c'est alors l'objet d'une disposition expresse, telle que celle des articles 51 et 52.

Le calcul fait par le contribuable pour une cédule, doit servir d'élément pour l'impôt complémentaire (art. 50).

M. le Ministre des Finances (Ribot) a déclaré en effet ceci à la Chambre le 18 Décembre 1916 : « Il est bien évident qu'on ne pourra » pas demander pour l'impôt général sur le revenu, plus qu'on ne » demande pour l'impôt cédulaire, et même, quand nous aurons toutes » les cédules au complet, nous arriverons à totaliser purement et » simplement, pour l'assiette de l'impôt général, tous les revenus » constatés séparément dans les cédules, réserve faite, naturellement, » de ceux des valeurs mobilières, qui, à cause des fraudes possibles, » devront toujours faire l'objet de déclarations et de vérifications » spéciales.

» En ce qui concerne la taxation des bénéfices industriels et com- » merciaux qui soulève tant d'inquiétude, je dis très nettement : On » ne peut pas demander, pour l'impôt complémentaire, de vérifications » plus étendues que celles qui seront autorisées dans la cédule. Lors » donc qu'il s'agira de contribuables n'ayant pas choisi le système de » la déclaration des bénéfices réels, c'est sur le chiffre d'affaires et non » sur les bénéfices qu'on aura à faire des investigations. On compul- » sera les livres de vente, mais non pas tous les livres. Quant aux » papiers domestiques, le texte ne donne pas le droit d'en exiger la » production. »

M. le Ministre a insisté au Sénat sur cette déclaration le 28 Décembre 1916 (Rapport Dumesnil, p. 487).

III. — Abattements à la Base.

A l'exemple de l'income tax, le nouveau système accorde des déductions à la base, d'après des procédés variant pour chaque cédule.

Ces déductions jouent, quel que soit le chiffre de revenu de la cédule. Il en résulte une exemption totale pour le revenu inférieur au chiffre de l'abattement, c'est-à-dire pour les très petits revenus, car ces derniers sont plus fortement grevés par les impôts indirects.

La loi du 29 Mars 1914 ne prévoyait pour la cédule foncière que des exemptions très minimes ; la loi de 1917 met sous ce rapport ladite cédule en harmonie avec l'ensemble du système (art. 48).

La loi de 1914 n'en établit pas pour la cédule du revenu des valeurs mobilières : celle de 1917 non plus, apparemment pour frapper un peu plus le revenu de la richesse acquise (celui du rentier) que le revenu du travail. Néanmoins, les intérêts des livrets de Caisse d'épargne sont affranchis de l'impôt (art. 39).

Le mécanisme de l'abattement consiste à ne pas frapper la partie du revenu inférieure à un certain chiffre, et à compter pour une fraction les tranches supérieures.

Les tableaux annexés au rapport Dumesnil tendent à montrer que le petit contribuable paiera moins, et le gros davantage, sans pourtant aller à l'excès : un négociant de Marseille, propriétaire d'immeubles et d'un portefeuille mobilier de 10.000 francs, paiera, pour un revenu de 132.000 francs, 16.600 francs au lieu de 13.000 (p. 479).

IV. — Déductions pour charges de famille.

Pour en bénéficier, il faut faire une déclaration sur une formule spéciale à prendre à la Mairie, à remplir, et à remettre au contrôleur de la main à la main ou sous pli affranchi. Tant que le contenu de la déclaration reste exact, il est inutile de la renouveler, mais il faut le faire à chaque changement.

En vue de favoriser les familles nombreuses, dont les pouvoirs publics semblent vivement préoccupés, l'article 52 accorde à « chaque contribuable » (riche ou pauvre) une réduction proportionnelle d'impôt, selon *le nombre de personnes à sa charge.*

Cette dernière expression est prise dans le sens indiqué par l'article 13 de la loi du 15 Juillet 1914 relative à l'impôt complémentaire, dont par suite les règles à cet égard sont les mêmes.

Les personnes visées par cet article 13 sont pour chaque contribuables :

« Les ascendants âgés de plus de soixante-dix ans ou infirmes;

» Les descendants ou enfants par lui recueillis, s'ils sont âgés de » moins de vingt-un ans ou s'ils sont infirmes. »

A condition qu'ils n'aient pas de revenus distincts.

Ce texte étant exceptionnel et par suite limitatif, il semble ne pas s'appliquer expressément :

A un oncle ou tante pauvre, même âgé et infirme; la déduction aurait pourtant la même raison d'être que pour un enfant recueilli;

A l'épouse. Celle-ci est visée par l'article 12 de la loi de 1914, mais pas par l'article 13;

Aux beaux-parents, bien que l'article 206 du Code civil leur donne droit à une pension alimentaire, s'ils sont dans le besoin;

Aux ascendants et descendants n'entrant pas expressément dans les termes de l'article 13, plus étroits que ceux des articles 203, 205, 206 et 207 du Code civil, qui ne font pas de distinction d'âge ou de santé, et disent simplement « qui sont dans le besoin » (art. 205);

Aux prisonniers de guerre détenus en Allemagne, qui sont pourtant à la charge de leurs familles. Divers députés ont déposé le 11 décembre 1917 un projet de loi tendant à ajouter à la fin du texte de l'article 13 ci-dessus reproduit, les mots : « ainsi que les fils majeurs présents sous les drapeaux ou prisonniers de guerre. » (Doc. Ch. 1917, p. 1945.)

A l'enfant conçu. Le droit commun le considère cependant comme né, toutes les fois qu'il y va de son intérêt. Voilà une occasion d'encourager la repopulation !

Il aurait été logique de faire concorder les déductions de la nouvelle législation avec les prescriptions du Code civil sur l'obligation alimentaire. M. Dumesnil ne semble pas y avoir songé.

Ces pensions alimentaires ne pourront être déduites que de l'impôt complémentaire, en vertu de l'article 10 de la loi de 1914, comme arrérages de rentes payées à titre obligatoire.

L'administration devrait donc interpréter le mot « ascendant » de manière à y comprendre au moins les beaux-parents : on peut espérer qu'elle n'y verra pas de difficultés.

La réduction est de 5 % pour 1 personne,
10 % pour 2 »
20 % pour 3 »
30 % pour 4 »
40 % pour 5 »
50 % pour 6 et au delà.

Elle porte « sur les impôts institués sur les revenus par la présente loi et perçus par voie de rôles, ainsi que sur l'impôt foncier... ».

Sont perçus par voie de rôles comme les contributions directes : l'impôt foncier (bâti et non bâti), les cédules commerciale, agricole, et celle des professions libérales. Pour chacun de ceux-là, le contribuable recevra chaque année une feuille blanche, puis, s'il ne paie pas, des papiers de diverses couleurs. La cédule mobilière et celle portant sur le revenu des créances sont perçues sans rôles, par des procédés différents. Notons que la déduction pour charges de famille se fait sur l'impôt une fois liquidé, et non sur le revenu qui sert à le liquider. C'est donc la dernière opération du calcul. L'avantage qui en résulte, assez mince pour l'impôt cédulaire, est loin d'être proportionné aux charges elles-mêmes. Sur 300 francs d'impôt, 5 % font 15 francs... cela ne suffit pas à nourrir une femme pendant un an! Les déductions de l'impôt complémentaire sont plus importantes heureusement: celles-là portent au contraire sur le revenu, et non sur l'impôt (2.000 francs pour l'épouse, 1.000 francs par personne à la charge jusqu'à la cinquième ; 1.500 francs par personne au-dessus de cinq).

V. — Déduction des charges.

C'est un principe introduit dans notre droit fiscal, en matière de droits de succession, par la loi du 25 Février 1901. Il a passé dans l'article 10 de la loi du 15 Juillet 1914 en ce qui concerne l'impôt complémentaire; dans l'article 42 de la loi du 31 Juillet 1917 en ce qui concerne l'impôt foncier d'un immeuble hypothéqué, et dans les articles 4, 17, 24, 30, 42 de la même loi pour les diverses cédules.

En traitant de chacune d'elles, on déterminera ci-après les charges déductibles.

Comme l'impôt complémentaire frappe une seconde fois dans leur ensemble les revenus déjà atteints individuellement par leurs impôts spéciaux, les déductions qui le concernent s'appliquent indépendamment de celles qui jouent pour chacun de ces impôts.

VI. — Assiette : les revenus.

Les impôts du système présentement étudié ne sont assis que sur les revenus. Par suite, tout gain qui a le caractère d'un capital en est exempt.: succession, donation, legs, lot ou prime au remboursement d'une valeur, indemnité d'assurance, trésor.

Tous ces gains sont d'ailleurs soumis à des droits spéciaux ; ces droits ont ainsi le caractère d'impôt sur le capital, et ne sont pas déductibles des impôts sur le revenu. En fait, pourtant, c'est avec les revenus qu'on les paie, lorsqu'il s'agit surtout d'un immeuble, et pendant longtemps. Nous n'avons pas à insister sur les lamentables conséquences des impôts sur le capital.

Le caractère distinctif du revenu est la périodicité, au moins annuelle, dit le droit civil.

Ici doit donc se placer la question des coupes de bois : est-ce un revenu ou un capital? Le fisc tend à en faire tantôt l'un, tantôt l'autre : revenu pour les impôts sur le revenu, capital pour les impôts sur le capital. Le fisc perd de vue les principes du droit commun. Les produits de coupes réglées sont des revenus (art. 590 à 592 du Code civil), ceux des baliveaux et des coupes non réglées sont des capitaux. Ces derniers ne concernent donc pas l'impôt sur le revenu; les autres ne seront pas atteints par lui tant qu'ils ne seront pas encaissés, mais lorsque la coupe aura été faite, le produit devrait en figurer sur la déclaration pour la cédule agricole de l'année suivante. On verra à la première cédule comment cela a été mis d'accord avec l'annalité de l'impôt (page 13).

« L'impôt est établi sur le montant total du revenu net annuel » dont dispose chaque contribuable.» (Loi du 15 Juillet 1914, art. 10.) » Pour chaque catégorie de revenus, le revenu net est constitué par » l'excédent du produit brut effectivement réalisé, y compris la valeur » des profits et des avantages dont le contribuable a joui en nature, » sur les dépenses effectuées en vue de l'acquisition et de la conser- » vation du revenu.» (Décret portant règlement d'administration » publique du 15 Janvier 1916, art. 1.)

Les expressions employées par la loi de 1917 montrent que l'impôt est assis sur le revenu effectivement réalisé. L'article 58 du projet appliquait ce principe, en décidant que le propriétaire d'un immeuble à loyers moratoriés a droit de faire déduire les loyers non encaissés, de l'assiette de la contribution foncière. La commission du budget a fait disjoindre cet article, comme se rattachant au problème des loyers.

Mais le principe subsiste. La loi du 29 Juin 1917 l'a appliqué comme on le verra sous la cédule immobilière bâtie (page 18).

L'impôt n'est dû que sur les *revenus* « *réalisés* » (loi de 1917, art. 2; 26, alinéa 2: 30). C'est d'ailleurs le principe de l'impôt complémentaire (Note du Ministère, Janvier 1916, p. 2) qui frappe non pas les sommes dues au contribuable pour une année, mais les sommes encaissées par lui au cours de cette année-là. Si donc des sommes sont dues pour 1917, et ne sont encaissées qu'en 1918, elles ne doivent pas être portées sur la déclaration souscrite en 1918 pour 1917, mais sur celle à souscrire en 1919 pour 1918.

Doivent donc être considérés comme encaissés, les revenus ayant fait l'objet :

— d'un paiement, avec ou sans subrogation ;
— d'une compensation, qui équivaut au paiement ;
— d'une remise de dette, pour le débiteur qui en bénéficie ;
— de la prescription extinctive, pour le débiteur ;
— des offres de paiement et d'une consignation acceptée ou validée : la chose payée étant aux risques du créancier (Code civil, art. 1257, 2) :
— d'une novation, lorsqu'elle équivaut à paiement.
— d'un effet de commerce escompté.

Ne doivent pas être considérés comme encaissés :
— Le montant d'un billet non négocié, qui n'est qu'une promesse :
— La somme consignée, avant la validation, parce que le débiteur peut la retirer (art. 1261) ;
— Les loyers moratoriés, en droit et en équité (loi du 29 Juin 1917).

VII. — Incidence respective des impôts.

Il est intéressant de rapprocher l'impôt sur les bénéfices de guerre, l'impôt complémentaire, et l'impôt cédulaire, de manière à déterminer l'influence de chacun d'eux sur l'assiette des deux autres. Cette recherche n'est pas sans intérêt ; elle paraît n'avoir pas jusqu'ici attiré l'attention : puisse-t-elle être sans difficultés !

Posons tout d'abord la question. Chacun des trois impôts prétend être assis sur le bénéfice net, le revenu net, déduction faite des charges. Parmi ces dernières se trouvent au premier rang les impôts du contribuable, dont le total peut s'élever à un chiffre imposant si parmi eux figure celui sur les bénéfices de guerre. On cite en effet des cas où ce dernier impôt atteint, par l'interprétation des livres qu'a faite le contrôleur, un total bien supérieur à la fortune entière du contribuable. Ajoutons qu'il y a une année, l'année 1917, où l'on a eu à le payer deux fois : pour la période 1914-1915, et pour la période 1916, par quarts échelonnés. Et quoi que dise l'Administration, les bénéfices de ces deux périodes sont déjà dépensés ou affectés depuis longtemps, en sorte que les sommes à payer pour bénéfices exceptionnels en 1917 pourront très bien absorber, non seulement la totalité desdits bénéfices (deux fois 50 %), mais encore dans bien des cas une fraction plus ou moins grande du bénéfice normal, d'autant plus qu'il n'y a pas compensation d'une période à l'autre. Cela arrivera notamment pour un importateur qui avait un stock en Juillet 1914, l'a liquidé avantageusement en 1915, mais ne peut plus le renouveler (bois du Nord, grains et farines, bouteilles...). Comment donc, en faisant ses déclarations pour chaque impôt, faudra-t-il tenir compte des deux autres, d'une manière acceptable pour le fisc ? — Distinguons chacun des trois impôts.

Impôt complémentaire. — Ici, l'article 10 de la loi du 15 Juillet 1914, modifié par la loi du 23 Février 1917, autorise à déduire du revenu global « tous impôts directs et taxes assimilées », par conséquent : l'impôt sur les bénéfices de guerre, le total des sommes versées pour les diverses cédules, et celui des centimes additionnels perçus sur principal fictif. Il est évident qu'en 1918 on ne pourra manquer de déduire deux impôts sur les bénéfices de guerre, matériellement payés en 1917.

L'impôt complémentaire n'est pas l'impôt global sur les revenus. si vivement attaqué ; ce n'est pas un second impôt sur les revenus, mais un complément et un accessoire, destiné à parer aux erreurs possibles (Sénat, 20 Janvier 1914. Débats. S. O. 1914, p. 17).

Impôts cédulaires. — Le principe de l'assiette sur le revenu net conduit à déduire de chaque cédule, en 1919, l'impôt payé pour cette cédule en 1918. Mais il serait excessif de déduire de chaque cédule l'impôt complémentaire : celui-ci ne devrait, ce semble, être déduit que de l'assiette qui le concerne (le total des revenus), et une seule fois.

Le commerçant peut-il déduire de la cédule commerciale l'impôt sur les bénéfices de guerre ? — En ce moment on l'ignore.

Impôt sur les bénéfices de guerre. — L'Administration a décidé que l'impôt payé en 1917 pour 1914-15 n'est pas déductible des bénéfices exceptionnels de 1917 (Copper Royer. p. 23).

Par contre, il est déductible de l'impôt complémentaire.

— Enfin, les délais de déclaration n'étaient pas les mêmes : trois mois pour les bénéfices de guerre et les cédules, deux mois pour l'impôt complémentaire.

Le délai de deux mois fixé par les lois de 1914 et de 1916 pour la déclaration de l'impôt complémentaire sur le revenu a été porté à *trois* mois par la loi du 23 Février 1917. On peut donc dire que toutes les déclarations, en matière de législation fiscale, doivent être souscrites chaque année. le 31 Mars au plus tard, à l'exception de l'état des salaires prévu par l'article 26 de la loi du 31 Juillet 1917, qui doit être adressé au contrôleur dans le courant de Janvier de chaque année.

Il y a dans tout cela bien des points obscurs !

DEUXIÈME PARTIE

RÈGLES RELATIVES A CHAQUE CÉDULE

I. — Cédule foncière non bâtie.

Les règles à ce relatives sont dans les articles 1 à 20 de la loi du 29 Mars 1914.

L'article 4 de la loi du 21 Juillet 1894 autorisait le Ministre des Finances à faire procéder aux évaluations nécessaires pour transformer l'impôt foncier non bâti en un impôt sur le revenu net.

Longtemps après, la loi de finances du 31 Décembre 1907, publiée à l'*Officiel* du même jour, disposait ce qui suit : « Art. 3. — Les » opérations prescrites par l'article 4 de la loi du 21 Juillet 1894 seront » immédiatement entreprises à l'aide du crédit de trois millions ouvert » au Ministère des Finances. Elles auront pour objet de déterminer le » revenu actuel des propriétés foncières non bâties. Les évaluations » seront effectuées dans chaque commune en tenant compte des exploi- » tations distinctes, d'après un tarif établi par nature de cultures et » de propriétés, et à l'aide de baux authentiques ou de déclarations de » locations verbales dûment enregistrés. »

(Ce mot « authentique » est impropre : opposé aux locations verbales, il vise évidemment les baux écrits.)

« Les résultats de ces évaluations seront communiqués aux inté- » ressés, qui auront un délai de deux mois pour présenter leurs » observations. »

« Il sera rendu compte chaque année, par un rapport distribué aux » Chambres, et publié au *Journal Officiel*, des opérations faites et » des méthodes d'évaluation. »

Ces comptes rendus ont en effet été insérés aux Documents annexes du *Journal Officiel*. Les opérations terminées, M. Ch. Dumont, ministre des finances, a présenté un rapport sur leur ensemble, publié à l'*Officiel*, documents annexes de 1914, pp. 1 à 213.

La loi du 29 Mars 1914 établit dans les termes suivants l'assiette de la cédule foncière non bâtie :

« Art. 2. — La contribution foncière des propriétés non bâties sera » réglée, à partir de la même date (1er Janvier 1915), en raison du » revenu de ces propriétés, tel qu'il résulte des tarifs établis, par nature » de cultures et de propriétés, en exécution de l'article 3 de la loi du » 31 Décembre 1907, et conformément aux règles tracées par l'instruc- » tion ministérielle du 31 Décembre 1908; pour le calcul des coti- » sations, ledit revenu sera diminué d'un cinquième. » (Sénat, 26 Février 1914, p. 240.)

C'est donc dans le rapport Dumont qu'il faut chercher les évaluations du revenu des immeubles non bâtis, quand elles doivent jouer. C'est dans la loi de 1907 qu'il faut en chercher le principe.

L'article 3 de cette loi est le résultat d'une transaction destinée à satisfaire á la fois le ministre des finances. M. Caillaux, et le Sénat, peu favorable au projet d'impôt sur les revenus, tel qu'il lui était présenté. (Voir débats à la Chambre, 2ᵉ séance du 31 Décembre 1907, p. 3159, à l'*Officiel* du 1ᵉʳ Janvier 1908.)

Le ministre a déclaré que les idées principales sont les suivantes :

— L'évaluation du revenu net doit être faite sur le revenu réel.,

— Elle doit avoir lieu globalement (et non par parcelles), d'après les locations enregistrées: *à défaut* de celles-ci, on use du tarif d'évaluation. (Le texte de la loi, tel qu'il est rédigé, ne paraît pas avoir ce sens.) (Réclamations parcellaires. Sénat, 3 Mars 1914, p. 276.)

— Le « revenu net actuel » est la valeur locative dégagée des frais. (Discussion au Sénat le 26 Février 1914, S. O. 1914, pp., 240-241.)

— L'évaluation destinée à jouer à défaut de location ne peut être faite qu'avec le concours des répartiteurs municipaux et des contribuables.

Cela posé, prenons le rapport de M. Dumont.

On y trouve d'abord un historique très complet de notre impôt foncier depuis l'ancien régime. Cet impôt était un impôt de répartition : malgré toutes les améliorations faites, on ne put éviter dans le taux de taxation des inégalités allant de 0,35 % à Solférino (Landes) jusqu'à 19,34 % à Floirac (Gironde). De là la loi de 1894.

Le rapporteur expose ensuite le détail des ordres donnés et des opérations faites. Les inspecteurs procédèrent sur place, d'après les actes de location contrôlés par comparaison.

Pour les forêts, le revenu est la vente des coupes. Il est touché par période de plusieurs années, mais ces périodes sont ramenées à l'année, conformément à l'annalité de l'impôt, par une simple proportion. Le revenu net est l'excédent de la vente des coupes sur les frais d'entretien, gestion, garde et repeuplement : en le divise pour chaque année par le nombre d'années de la période d'aménagement. C'est ainsi que les parties calculent le prix de vente d'un bois. Au reste, les terrains boisés ne sont pas imposés dès l'année de leur constitution : l'article 226 du Code forestier les affranchit d'impôt pendant trente ans s'ils sont en montagne, dans les dunes ou dans les landes, et l'article 3 de la loi du 29 Mars 1897 réduit pour les autres terrains boisés, pendant les trente premières années. l'impôt foncier à un quart. (Amendement de M. Touron, tendant à distinguer les taillis des futaies, et la valeur locative du revenu. Rejeté par le Sénat. Séance du 26 Février 1914, pp. 241 à 244.)

Important Jugement du Conseil de Préfecture des Landes.

Dans son audience du 18 Décembre dernier, le Conseil de Préfecture des Landes a rendu un jugement appelé à un grand retentissement, en ce qu'il infirme une prétention de l'Administration des

Contributions directes. Celle-ci entendait assimiler, au point de vue de la perception de l'impôt, les jeunes peuplements improductifs dits « semis » et les arbres d'âge.

Nous donnons ci-après les motifs sur lesquels s'est basé le Conseil de Préfecture pour rendre un arrêt contraire à la thèse de l'Administration :

» Considérant qu'aux termes des lois des 31 Décembre 1917 et 29 Mars 1914, article 2, le nouvel impôt foncier des propriétés non bâties est basé sur le revenu actuel des parcelles composant ces propriétés ; que pour donner une base légale à la nouvelle évaluation forestière il faut rechercher et déterminer le revenu des parcelles, soit au moment de la nouvelle confection du cadastre, soit au moment de l'entrée en application de la loi du 29 Mars 1914, c'est-à-dire au plus tard le 31 Décembre 1914 ;

» Considérant que c'est méconnaître l'esprit de la loi que d'attribuer à des parcelles boisées manifestement improductives en raison de leur jeune âge, non le revenu net qu'elles peuvent actuellement produire, mais le revenu net moyen qu'elles seraient susceptibles de rapporter pendant une période de soixante ans et de calculer ainsi sur ce chiffre le quantum de l'impôt actuellement réclamé ; que c'est à bon droit que le pétitionnaire réclame un dégrèvement,pour les parcelles boisées actuellement improductives de revenus ;

» Après en avoir délibéré,

» Arrête : Les parcelles improductives de revenus énumérées dans la réclamation de M..., seront dégrevées de l'impôt auxquelles elles ont été assujetties pour l'année 1915. »

Les terrains à bâtir ne produisent pas de revenu ; ils acquièrent une plus-value qui se réalise à la vente. Leur revenu est calculé en appliquant à leur valeur vénale le taux moyen 'des placements immobiliers dans la commune.

Chemins de fer, canaux, etc. (Sans intérêt ici.)

Terrains d'agrément. — A défaut de location, on prend la valeur des actes de vente, en y appliquant le taux moyen des placements. Il y a des règles différentes pour la cédule agricole (loi de 1917, article 22).

Carrières, ardoisières, sablières. — Ces propriétés n'ont pas de revenus fonciers, mais seulement des bénéfices industriels ou commerciaux. Au point de vue foncier, on les taxe comme s'ils étaient cultivés sur le pied des terrains environnants.

Il a été tenu compte, dans la mesure du possible, des clauses locales insérées dans les baux de chaque région, au point de vue notamment du cheptel et des redevances en nature, ou toutes stipulations influant sur le prix. Au reste, le contrôle a été fait très soigneusement par comparaison avec les actes enregistrés, et par les observations des classificateurs, des municipalités et des propriétaires. Ceux-ci ont été d'abord méfiants ; ils ont fini par comprendre, mais dans bien des régions leur concours a été limité.

Les terrains ont été groupés en treize catégories par l'instruction du 31 Décembre 1908 ; la France a été divisée en onze régions (la Seine mise à part). Nous donnons ici les treize catégories, dont chacune est suivie du chiffre de la valeur locative à l'hectare, pour la Gironde (5e région) :

    1° Terres labourables ....F.   38
    2° Prairies et pâturages   67
    3° Cultures fruitières 148
    4° Vignes   84
    5° Bois, oseraies   21
    6° Landes et autres terres vagues   4
    7° Carrières, ardoisières, sablières, tourbières   38
    8° Lacs, étangs, fontaines, canaux, marais salants.   7
    9° Cultures maraîchères ou florales, pépinières..... 147
  10° Chantiers, dépôts, terrains à bâtir 1264
  11° Agréments 297
  12° Chemins de fer.............................. 298
  13° Sol des bâtiments, cours et dépendances (à ne pas évaluer, d'après l'article 2 de la loi du 26 Décembre 1908 et l'article 3 de la loi de 1914).

Notons que ce sont là des moyennes. Pour la vigne, notre département présente d'une commune à l'autre et d'un vignoble à l'autre de grandes différences de revenu. Aussi dans certaines communes la valeur locative de cette culture est de 25, 15 ou 12 francs. Par contre, à Pauillac, il a fallu créer neuf classes de vignes avec évaluations de 80 à 800 francs. Il n'est donc pas possible de donner ici pour chaque commune et chaque culture les chiffres des valeurs locatives. On les trouve à la Direction des contributions, à partir du 1er Janvier 1918 (art. 56 de la loi du 31 Juillet 1917).

L'impôt de cette cédule est donc fixé à 5 % (loi du 31 Juillet 1917, art. 47) des quatre cinquièmes de la valeur locative des immeubles non bâtis (Loi du 29 Mars 1914, art. 2), valeur calculée d'après la loi du 31 Décembre 1907, article 3, interprétée selon les déclarations ci-dessus rappelées :

    — D'après les locations enregistrées;
    — Ou, à défaut, d'après les évaluations officielles.

Le rapport de M. Dumont contient une grande quantité de détails, tableaux comparatifs, etc. On y voit combien a été considérable — et sérieusement fait — le travail d'évaluation foncière pour toute la France. Et cependant, il a mérité de très vifs reproches d'inexactitude, exprimés au Sénat le 22 Janvier 1914. (Débats Sénat, S. O. 1914, pp. 26 et 27, et le 26 Février, p. 239). Ce sont des surélévations de 300 à 500 % du revenu réel. Donc, prendre garde aux révisions, et en profiter dans la mesure du possible.

Les terrains non bâtis affectés à un usage commercial ou industriel seront taxés comme suit (loi du 29 Mars 1914, art. 4) :

    1° A raison de leur superficie, sur le même pied que les terrains environnants;

    2° D'après leur valeur locative, déterminée à raison de l'usage auquel ils sont affectés, déduction faite de l'estimation donnée à leur superficie.

Au reste, à ces terrains sont applicables toutes dispositions concernant les immeubles bâtis (loi du 29 Décembre 1884, art. 1).

Il a été déclaré au Sénat le 26 Décembre 1884, par le Sous-Secrétaire d'Etat aux finances, que pour entrer dans les termes de la loi ci-dessus, un terrain doit servir à un usage commercial ou industriel, et d'une manière permanente. Les dépôts ou chantiers servant à un usage agricole n'y entrent donc pas : ils doivent être imposés comme terrains non bâtis.

Le sol et les dépendances des bâtiments sont considérés comme accessoires de ces derniers. Ces terrains sont donc exempts de l'impôt foncier non bâti, pour entrer dans l'assiette de l'impôt foncier bâti (loi de 1914, art. 4).

Les propriétés nouvellement comprises dans la présente cédule seront imposées par comparaison (à défaut de location enregistrée, toujours, puisque la loi de 1914 renvoie à celle de 1907) (id., art. 5).

Les évaluations seront révisées tous les vingt ans. A cet effet, les communes de chaque département seront divisées en vingt séries dont une sera révisée par an, dans l'ordre arrêté par le Conseil Général dans sa première session de 1918. La procédure est établie aux articles 7 à 14 de la loi de 1914.

Les résultats des évaluations seront communiqués aux propriétaires, qui pourront en réclamer le détail et y contredire (art. 12 de la même loi).

Les réclamations seront admises :

1° Contre la nature de culture ou de classement :

— Dans les six mois de la publication du premier rôle établi sur la nouvelle évaluation ;

— Dans les trois mois de la publication du rôle suivant (art. 15 de ladite loi).

Il ne pourra dans ces deux cas être appliqué aucune augmentation d'impôt (id., art. 16) ;

— Dans les mêmes délais, après les revisions, mais alors il pourra y avoir lieu à augmentation (id., art. 17) ;

— Lorsqu'une propriété aura subi une « dépréciation notable et » durable, par suite d'événements imprévus, indépendants de la volonté » des intéressés et affectant le fonds même du terrain », dans les six mois de la publication du rôle de l'année suivante (id., art. 18).

Exemple : Inondation ayant détruit un vignoble en recouvrant le sol d'une épaisse couche de cailloux.

En cas de gelées, grêle, incendie, etc., des lois de circonstances prononcent souvent des dégrèvements ou des indemnités spéciales à la région atteinte.

2° En décharge ou réduction :

— Dans les cas admis par le droit commun (erreur, double emploi...), indiqués au dos de toutes les feuilles de contributions.

— Lorsqu'une propriété cesse de faire partie de la matière imposable (expropriation par l'Etat), ou de la présente cédule (art. 19, id.) (Révisions provoquées par l'Administration. Chambre, séance 27 Mars 1914, p. 200.)

Le contentieux est soumis àux mêmes règles que celui des propriétés bâties (id., art. 20).

Le point de départ de l'application des résultats des révisions périodiques prévues par l'article 7 est fixé à l'année 1920 (id., art. 29).

L'article 48 de la loi de 1917 dispose qu'un propriétaire a droit à la remise de l'impôt foncier non bâti jusqu'à concurrence de l'impôt afférent à un revenu de 200 francs :

— S'il exploite lui-même;

— Si le revenu imposable de ses terres n'excède pas 400 francs ;

— Si son revenu total n'excède pas 1.250 francs.

Pour cela, le contribuable doit faire avant le 10 Février une déclaration dont l'article 48 indique le contenu. Voir l'article 30 de la loi de 1914.

L'article 52 applique à l'impôt foncier les déductions pour charges de famille, moyennant déclaration détaillée.

Les centimes additionnels de l'Etat ne sont plus perçus à partir de 1915 (loi du 29 Mars 1914, art. 25).

Les centimes départementaux et communaux seront perçus à partir de 1915 sur des principaux formés en appliquant au total des revenus imposables une proportion uniforme pour toutes les communes du département (id., art. 26).

II. — Cédule foncière bâtie.

L'impôt foncier sur la propriété bâtie était déjà, en 1914, assis sur le revenu net.

Le revenu net était la valeur locative de l'immeuble, diminuée d'un quart. Cette valeur locative est déterminée par l'Administration, dans un sens très exagéré la plupart du temps. On a pu s'en rendre compte, lorsque l'article 7 de la loi de finances du 26 Décembre 1908 a pris cette valeur locative pour base des droits de succession, en l'augmentant d'un tiers pour avoir le revenu brut, et en multipliant celui-ci par vingt pour les propriétés bâties, par vingt-cinq pour les propriétés non bâties. On obtient ainsi la valeur fiscale de l'immeuble, assiette du droit d'enregistrement. Or, ladite valeur fiscale est souvent beaucoup plus élevée que la valeur vénale révélée par les ventes amiables ou publiques, dans une proportion allant de 300 à 1400 % (Sénat, séance du 20 Janvier 1914. S. O. 1914, pp. 19 et 20).

La loi du 29 Mars 1914 conserva cette base, se référant à la législation antérieure (art. 21). Le taux de l'impôt, fixé à 4 % par ledit article, a été élevé à 5 % par l'article 47 de la loi du 31 Juillet 1917, à partir du 1er Janvier 1918 (art. 56).

Les revenus bruts étaient révisés tous les dix ans (loi du 8 août 1890, art. 8). Cette révision continuera d'avoir lieu à partir de 1920 (loi de 1914, art. 29), mais dans un ordre correspondant à la révision des revenus non bâtis (loi de 1914, art. 22). Le même article dispose que lors de cette révision, sera imposé comme propriété bâtie l'outillage *industriel* attaché au fonds à perpétuelle demeure, dans les termes de l'article 525 du Code civil (scellé à plâtre, à chaux ou à ciment, ou ne pouvant être détaché sans fracture ou détérioration) (Sénat, séance du 3 Mars 1914, pp. 284-285). Les bâtiments industriels supporteront donc un impôt formé de deux chiffres, relatifs l'un à l'immeuble, l'autre à l'outillage.

Les résultats des évaluations seront communiqués aux propriétaires, qui pourront en réclamer le détail et y contredire (loi de 1914, art. 12).

Sont imposés comme immeubles bâtis les terrains affectés à un usage commercial ou industriel, ainsi qu'il est expliqué au chapitre I ci-dessus (p. 15).

L'article 52 de la loi de 1917 applique à l'impôt foncier les déductions pour charges de famille.

Il n'est pas prévu pour cette cédule d'abattement à la base.

Une question délicate était celle des immeubles à loyers moratoriés. Le Parlement en étudie depuis longtemps la solution, en ce qui concerne les rapports entre propriétaire et locataire,

Les infortunés propriétaires de ces immeubles sont depuis la guerre persécutés par le fisc, qui, prenant la loi à la lettre, refuse de considérer les locaux moratoriés comme vacants. La loi du 29 Juin 1917 a pris à cet égard les dispositions suivantes :

Art. 5. — « Le propriétaire d'un immeuble loué qui, par l'effet des
» décrets moratoires rendus en matière de loyers, est temporairement
» privé de tout ou partie des revenus de l'immeuble, a le droit, sur sa
» demande et en fournissant les justifications nécessaires, d'obtenir
» une suspension du paiement de ses impôts proportionnelle à la perte
» temporaire de revenu qu'il a subie.

» Cette suspension de paiement portera sur les contributions
» foncière et des portes et fenêtres, principal et centimes additionnels
» départementaux et communaux compris, et sur les taxes assimilées
» afférentes à l'immeuble loué.

» Le propriétaire qui aura consenti des réductions ou exonérations
» amiables de loyer bénéficiera d'une remise d'impôt dans les limites
» et conditions prévues ci-dessus pour les suspensions de paiement. Il
» produira à l'appui de sa demande en remise ou en modération, une
» déclaration dûment signée et certifiée sincère, tant par lui que par
» son locataire, du montant du loyer auquel il aurait eu droit, de la
» quotité de la réduction consentie et de la période à laquelle elle
» s'applique.

» En cas de fausse déclaration ou certification, l'article 405 du
» Code pénal est applicable. En cas de condamnation, l'article 403 est
» également applicable.

» Les demandes en suspension et en remise d'impôt seront
» présentées, instruites et jugées comme les demandes en remise pour
» vacance de maison.

» Les dispositions ci-dessus, qui entreront en vigueur dès la pro-
» mulgation de la présente loi, cesseront d'avoir effet le jour où
» prendront fin les décrets moratoires. »

L'impôt est suspendu ou remis dans la mesure où les loyers eux-mêmes sont suspendus ou remis.

La suspension ou la remise porte pour 1917 sur les impôts énumérés au deuxième alinéa ci-dessus; pour 1918, sur les mêmes, moins les portes et fenêtres, qui seront alors supprimées.

Les demandes en remise pour vacance de maison sont actuellement présentées au percepteur. Le contribuable les inscrit sur un registre spécial, où elles sont revêtues d'un timbre de 60 centimes. Le contrôleur instruit la demande, puis donne avis de la décision au propriétaire. Le dégrèvement accordé sur un impôt déjà payé sert au paiement de l'impôt pour l'année suivante.

L'article 403 du Code pénal punit le complice des mêmes peines que l'auteur principal. L'article 405 punit l'escroquerie de un à cinq ans de prison, et de 50 à 3.000 francs d'amende. Qu'on se le dise avant de présenter une fausse déclaration. Le contrôleur a le droit de faire au bureau d'enregistrement ou sur place toutes vérifications nécessaires.

Les 18 et 19 Janvier 1917, il a été précisé au Sénat que lors de l'encaissement, au cours d'une année, de revenus afférents à des années antérieures, le montant en sera reporté, pour le calcul de l'impôt, à l'époque où il aurait dû être normalement perçu. Celui donc qui encaisse à la fois cinq termes annuels à 3.000 francs doit être taxé, non comme ayant 15.000 francs de revenu (il ne les a pas), mais pour cinq années à 3.000 francs l'une, et, ajoutons-nous, selon le taux en vigueur à l'époque de chaque terme. Cela présente de l'intérêt pour les taux progressifs.

Il en est ainsi pour les loyers, les intérêts de toute espèce, et aussi pour les agriculteurs dont la récolte ne se vend pas par année, les viticulteurs par exemple.

Le dernier alinéa dit bien que la loi du 29 Juin 1917 cessera avec les décrets moratoires, mais non qu'elle commence avec eux. Elle aurait dû contenir une disposition rétroactive.

Habitations à bon marché.

La loi de 1906 leur assure des exemptions d'impôt. C'est seulement le 18 Juillet, en fin de séance, que M. Bonnevay a demandé à la Chambre ce qui allait en advenir. Personne n'y ayant jusque-là songé, il a paru qu'on ne pouvait raisonnablement improviser une solution. L'article additionnel présenté par M. Bonnevay a donc été disjoint, sous réserve d'être étudié et discuté plus tard (p. 1860). Il n'est donc rien changé pour le moment à l'égard de ces habitations.

III. — Cédule mobilière (Valeurs mobilières).

A cette cédule se rapportent les articles 31 et suivants de la loi du 29 Mars 1914, les articles 38 et suivants de la loi de 1917.

Ici, il ne peut être question, de rôles nominatifs, de déductions pour charges de famille ni d'abattements à la base.

L'impôt sur le revenu des valeurs mobilières existait depuis longtemps (loi du 29 Juin 1872). Il continuera d'être appliqué selon cette loi et les subséquentes, auxquelles renvoie la loi de 1914. Le taux est de 5 % (loi du 31 Décembre 1916) du revenu brut.

La rente française en est encore exempte (art. 31 de la loi du 29 Mars 1914).

Cette immunité de la rente repose sur la loi du 9 Vendémiaire an VI, qui a créé le tiers consolidé. Tous les gouvernements ont vu dans cette loi un engagement de la France à ne jamais imposer la rente. Et l'Etat, qui profite du capital, n'est pas fondé à en taxer le revenu, ce qui équivaudrait à le diminuer au détriment de son crédit. Les financiers qui ont combattu contre l'immunité de la rente ont perdu de vue ces principes. (Rapport de M. Aimond, Doc. Sénat. S. O. 1914, pp. 113 et 114.)

Les revenus des emprunts coloniaux sont taxés, bien que certains d'entre eux, tels que l'emprunt 3 % 1903 de Madagascar, aient été déclarés exempts de tous impôts présents et futurs, tant en France que dans la colonie. (Chambre. Débats, Séance du 27 Mars 1914, p. 2013.) Mais lors de cette séance les élections pressaient, et il fallait aboutir vite.

L'immunité de la rente a bien l'air d'être toujours dans l'idée des pouvoirs publics. L'article 22 de la loi de finances du 29 Septembre 1917 autorise le gouvernement à émettre aux Etats-Unis des obligations « qui seront exemptes de tous impôts, présents et futurs ». D'après l'Administration, cette formule ne concerne que la cédule mobilière, et non l'impôt complémentaire. Si donc vous avez des fonds d'Etat français, il faut avoir soin de les comprendre dans la déclaration relative à ce dernier impôt.

Il n'est rien changé à l'impôt en ce qui concerne les valeurs mobilières; la loi de 1914 établit seulement un grand luxe de précautions contre la fraude fiscale (art. 35 et suivants).

Le procédé de perception est la retenue au paiement et le timbrage des coupons. Il paraît du reste très difficile d'éviter absolument les fuites constatées en d'autres pays. (Rapport de M. Aimond. Doc. Sénat. S. O. 1914, p. 106.)

IV. — Cédule industrielle et commerciale.

(Loi du 31 Juillet 1917, art. 2 à 15)

Assujettis.

L'impôt complémentaire est personnel. Par suite, il est dû, non par les collectivités, mais par chacun de leurs membres. La Société Dubois et Durand ne le doit pas, mais M. Durand et M. Dubois ont à le payer sur l'ensemble de leurs revenus (Note de Janvier 1916, p. 1).

Ce caractère de personnalité était inscrit à la base même du nouveau système; on pouvait donc s'attendre à le voir appliquer à l'impôt cédulaire. Sans qu'un mot ait été dit à cet égard dans les débats et documents, il n'en est rien. L'impôt est dû par les « professions commerciales » (art. 2) et l'article 4 l'étend aux Sociétés. Soit donc la Société Dubois et Durand, composée de ces deux individus, elle aura à payer deux impôts sur les revenus pour la présente cédule, savoir :

Celui de la Société,

Et celui de chaque membre.

En outre, M. Jean Dubois faisant seul le commerce sous la raison sociale « Jean Dubois et Cie » aura probablement à payer deux impôts... Heureux s'ils sont établis sur la même base, et si on ne lui cherche pas des difficultés continuelles par comparaison de l'un avec l'autre.

L'impôt cédulaire a pourtant un certain caractère personnel, puisqu'il admet des déductions pour charges de famille. Mais la loi a omis de préciser dans quelle mesure opère le caractère personnel. C'est une lacune. L'impôt complémentaire et l'impôt cédulaire ont donc à cet égard des caractères différents.

Les déductions ne joueront pas pour les collectivités, et joueront pour les individus.

Art. 2. — « Il est établi un impôt annuel sur les bénéfices des » professions commerciales et industrielles réalisés pendant l'année » précédente, ou dans la période de douze mois dont les résultats » auront servi à l'établissement du dernier bilan, lorsque cette période » ne coïncide pas avec l'année civile. » (Voir l'Avertissement.)

Art. 3. — « La taxe est établie au nom de chaque exploitant, pour » l'ensemble de ses entreprises exploitées en France, au siège de la » Direction des entreprises, ou à défaut, au lieu du principal établis- » sement. » Elle ne porte donc que sur les bénéfices des entreprises situées en France, à l'exclusion de ceux provenant d'établissements exploités hors du territoire français. (Note aux contribuables.)

Sont exceptés de la présente taxe (art. 15, alinéa 2) :

— Les syndicats agricoles (qui ne font pas acte de commerce, mais d'agriculture);

— Et les coopératives de consommation qui ne réalisent pas de bénéfices, ne faisant pas ainsi acte de commerce.

Cela nous amène au caractère précis de la personne assujettie à la présente cédule : le « commerçant » dans le sens bien connu du Code de commerce (art. 1) : « Sont commerçants ceux qui accomplissent des actes de commerce, et en font leur profession habituelle. » Les actes de commerce sont des actes d'entremise; le commerçant est un intermédiaire (art. 632 et 633 du Code de commerce). Les entreprises n'ayant pas ce caractère entrent dans une autre cédule. Il aurait été préférable de voir la loi employer les mêmes termes que le Code de commerce, mais l'essentiel est d'établir que ceux de la loi et ceux du Code ont le même sens.

La patente se payait partout où une entreprise commerciale avait des établissements. Le nouvel impôt qui la remplace se paie une seule fois pour l'ensemble des établissements *exploités en France*, au siège de la Direction (art. 3); si le siège est hors de France, au lieu du principal établissement.

Base : Bénéfice net, ou chiffre d'affaires.

1° *Bénéfice net*, « après déduction de toutes charges, y compris la » valeur locative des immeubles affectés à l'exploitation, et les amor- » tissements généralement admis d'après les usages de chaque nature » d'industrie ou de commerce » .. Ces déductions vaudront par la manière de les appliquer.

Ce bénéfice net formera la base de l'impôt cédulaire :

a) Pour les Sociétés dont les bilans sont produits à l'enregistrement (anonymes, en commandite par actions);

b) Pour les contribuables qui l'ont déclaré pour l'impôt des bénéfices de guerre, — c'est-à-dire pendant la guerre à peu près tous ;

Ces deux catégories de contribuables n'ont à fournir aucune déclaration spéciale : il leur suffit de donner au contrôleur les renseignements qu'il leur demandera.

c) Pour ceux qui auront remis au contrôleur avant le 1er Avril un résumé de leur compte Profits et Pertes, avec engagement de fournir toutes justifications (art. 4).

Il y a donc lieu de se référer ici à des règles pratiquées depuis assez longtemps, et relativement connues, notamment en ce qui concerne les Sociétés. L'impôt sur les prélèvements statutaires ne saurait continuer à être perçu, sans faire double emploi avec l'impôt sur le revenu des administrateurs. Mais la loi n'en dit rien.

2° *Chiffre d'affaires.* — « *A défaut* des communications prévues » à l'article 4, le bénéfice est évalué par application au chiffre d'affaires » de coefficients appropriés » (art. 5). Tout a été dit contre ce système ; c'est surtout sur lui que la Chambre a livré bataille le 17 Juillet. Nos arguments ont été portés à la tribune par M. Auriol qui a presque convaincu M. Caillaux (p. 1829) : la principale réponse a été la nécessité d'aboutir.

Qu'est-ce que le chiffre d'affaires ? Le rapport de M. Dumesnil en a esquissé une définition (p. 480, 3e colonne, art. 8).

« Pour les marchands et fabricants, le chiffre d'affaires est constitué par le montant total des recettes brutes provenant de la vente » des objets ou marchandises achetés ou fabriqués. » Le mot recettes doit certainement s'entendre des recettes *en argent*.

Pour les professions consistant en louage de services, ce « sera le » montant du produit brut provenant des rétributions perçues par les » intéressés comme prix des services rendus à leurs clients et des » opérations effectuées pour le compte de ces derniers ». — Il n'y a pas de virgule après clients : c'est donc le prix des services et des opérations, et non le produit des rétributions et des opérations.

C'est le cas des professions suivantes :
    Banquier, cité par le rapporteur; agent de change,
    Courtier,
    Agent d'affaires,
    Entrepreneur de manutentions, de transports par terre ou
        par eau,
    Transitaire, entrepositaire,
    Commissionnaire,
    Encaisseur,
    Assureur,
    Industriel usinant pour le compte d'autrui des matières
        brutes qu'il n'achète pas (scierie mécanique...)

L'entrepreneur de bâtisse (maçon, charpentier...) fait à la fois le louage de services et la fourniture; son chiffre d'affaires est donc le total brut de ses comptes recouvrés pendant l'année.

Au reste, dit le rapporteur, la commission des coefficients aura tout d'abord à préciser les éléments du chiffre d'affaires auquel doivent s'appliquer ses coefficients.

Le calcul par coefficients s'appliquera :

— Aux contribuables qui n'entrent pas dans les trois termes de l'énumération ci-dessus (*a, b, c,* page 22); ils n'ont pas de déclaration à faire. Le contrôleur leur demandera par lettre recommandée le montant de leur chiffre d'affaires de l'année précédente; ils devront alors le faire connaître par écrit dans les vingt jours, et fournir sur demande toutes justifications.

— A tous ceux à qui le contrôleur aura demandé par lettre recommandée de fournir dans les vingt jours leur chiffre d'affaires (art. 9); c'est donc à l'appréciation du contrôleur. Le rapport Dumesnil affirme bien que dans un très grand nombre de cas le contrôleur n'en aura pas besoin (p. 481). Tant mieux! Les justifications à fournir ne sont que celles de nature à faire connaître le chiffre d'affaires, à l'exclusion, dit le rapport, des livres relatifs aux bénéfices, frais généraux, créances, dettes, etc. (p. 481).

En cas de contestation, la preuve d'une affirmation incombe à celui qui l'avance.

La Commission a été nommée par décrets du 3 août et du 24 septembre 1917 (*Officiel* du 26).

Art. 10. — « Au moyen des renseignements recueillis et des constatations effectuées, s'il y a lieu, conformément à l'article précédent,
» le contrôleur procède à l'évaluation provisoire des revenus impo-
» sables, en appliquant au chiffre d'affaires un coefficient déterminé
» dans les conditions indiquées à l'article 7.

» Toutefois, lorsque le contrôleur est en mesure d'établir que le
» rapport du bénéfice net réel au chiffre d'affaires est supérieur au
» coefficient maximum fixé par la Commission, il peut faire emploi
» d'un coefficient plus élevé, à charge pour lui d'apporter, en cas de
» contestation, les justifications nécessaires.

» Le contrôleur communique aux intéressés l'évaluation provisoire,
» en les avisant qu'un délai de vingt jours leur est accordé pour pré-
» senter leurs observations par écrit ou verbalement au sujet de cette
» évaluation.

» Dans le cas où le contribuable juge que son bénéfice imposable
» doit être calculé à l'aide d'un coefficient inférieur au coefficient
» unique ou au coefficient minimum fixé par la Commission, il a la
» faculté d'indiquer le coefficient qu'il estime devoir être adopté et
» d'en demander l'application, à condition de fournir les justifications
» nécessaires.

» A la suite des observations présentées ou à l'expiration du délai
» de vingt jours prévu ci-dessus, le contrôleur arrête définitivement
» les bases d'imposition, sans préjudice pour les intéressés du droit
» de réclamer par la voie contentieuse, après l'émission du rôle. »

Calcul.

Le chiffre du bénéfice imposable ayant été obtenu, l'impôt est liquidé comme suit, sur 20.000 francs par exemple :

F. 1.500 comptés pour 1/4 ou........F.	375
3.500 comptés pour 1/2 ou........	1.750
15.000 comptés pour le tout........	15.000
F. 20.000	F. 17.125

Impôt cédulaire : 17.125 francs à 4.50 °/₀ = 770 fr. 625.

Grands magasins.

Ils ne sont pas oubliés, mais M. Berry est mort : ils sont donc traités plus doucement. Rien ne subsiste de leur ancienne patente, que le principal fictif servant au calcul des centimes départementaux et communaux, — jusqu'à ce que ceux-ci soient remplacés par une loi spéciale (art. 44). Il semble logique que ce principal fictif ne puisse en aucun cas servir de terme de comparaison pour motiver un relèvement de l'impôt cédulaire, ni pour les grands magasins, ni pour les autres entreprises commerciales.

Les grands magasins sont taxés au siège de leur Direction générale (art. 3).

L'article 14 qui les concerne est ainsi conçu :

« Indépendamment de l'impôt sur les bénéfices des professions
» industrielles et commerciales, tel qu'il est organisé par les articles
» précédents, il est établi une taxe spéciale sur le chiffre d'affaires
» réalisé par les entreprises ayant pour objet principal la vente en
» détail de denrées ou marchandises, lorsque ce chiffre d'affaires
» dépasse 1 million de francs, déduction faite du montant des expor-
» tations à l'étranger, en Algérie, aux colonies et pays de protectorat.

» Le taux de l'impôt est fixé conformément au tarif suivant :
» 1 pour 1.000 sur la fraction du chiffre d'affaires comprise entre
» 1 million et 2 millions de francs ;
» 2 pour 1.000 sur la fraction du chiffre d'affaires comprise entre
» 2.000.001 et 10 millions de francs ;
» 3 pour 1.000 sur la fraction du chiffre d'affaires comprise entre
» 10.000.001 et 100 millions de francs ;
» 4 pour 1.000 sur la fraction du chiffre d'affaires comprise entre
» 100.000.001 et 200 millions de francs ;
» 5 pour 1.000 sur la fraction du chiffre d'affaires au-dessus de
» 200 millions de francs.

» Les contribuables visés par le présent article sont tenus de
» faire annuellement, dans les trois premiers mois de chaque année,
» la déclaration du chiffre total de leurs affaires pendant l'année pré-
» cédente, et de présenter à l'appui de cette déclaration toutes les
» justifications nécessaires pour en établir l'exactitude.

» Est applicable, en cas d'omission de déclaration et de décla-
» ration inexacte, la sanction édictée par l'article 9, 2ᵉ alinéa, de la
» présente loi.

. » Pour les maisons à succursales multiples rentrant dans la
» catégorie des entreprises visées par le présent article, le chiffre
» d'affaires sur lequel s'établira la taxe spéciale sera le chiffre global
» des affaires réalisées par toutes les succursales installées, soit dans
» la ville du siège principal, soit dans des villes différentes. »

Dans ce dernier alinéa, le mot affaires ne veut certainement pas
dire : achats et ventes : il ne s'agit que des ventes, comme le précise
le rapport de M. Dumesnil.

Cet article 14 ne vise que les entreprises de vente au détail, à
l'exclusion du demi-gros, du gros, et des opérations autres que la
vente. L'article 15 exclut de la taxe spéciale les coopératives de
consommation, pour leur faire un avantage, et les entreprises non
commerciales.

Les maisons à succursales multiples sont celles « ayant plus
» de 5 établissements, boutiques, magasins ou entrepôts pour la vente
» de denrées et marchandises » (loi du 27 Février 1912, art. 2). Les
grands magasins sont ceux occupant plus de 10 employés (loi du
19 Avril 1905). C'était excessif avec la législation des patentes et les
aggravations de MM. Berry et Néron, mais, limité aux établissements
vendant pour plus de 1 million, au détail, cela paraît raisonnable.

Cet article 14 est d'une clarté suffisante.

On a tenté à la Chambre de l'appliquer aux grands établissements de crédit, qui ont des succursales multiples ; l'amendement à ce
relatif, déposé par M. Auriol le 18 Juillet, a été disjoint et renvoyé à
la commission (p. 1848).

Sanctions.

Art. 11. — « En cas d'inexactitude reconnue dans les renseigne-
» ments communiqués conformément aux articles 4 (bénéfice net),
» 9 (chiffre d'affaires) et 10 (justifications), l'impôt est doublé sur la
» portion du bénéfice dissimulée, à condition que l'insuffisance constatée
» soit supérieure au dixième ou qu'elle excède 20.000 francs.

» Si l'insuffisance est reconnue après l'établissement du rôle, un
» supplément de cotisation peut être réclamé, soit dans l'année même
» de l'imposition, soit au cours des cinq années suivantes. »

Le mot « dissimulé » montre que l'intention frauduleuse est
l'élément essentiel du délit fiscal d'omission ou inexactitude. L'erreur
de bonne foi motive simplement un relèvement de droit qui peut être
poursuivi pendant cinq ans.

Si un contribuable refuse de faire connaître au contrôleur son
chiffre d'affaires, la sanction est double :

— Evaluation d'office du chiffre d'affaires, probablement plutôt au
chiffre fort ;

— Impôt majoré de moitié, — évidemment une fois tous les calculs
faits.

Artisans.

L'article 10 établit à la base du bénéfice imposable une exemption
spéciale de 1.500 francs pour les artisans définis audit article.

Il est surprenant d'y voir figurer le pêcheur, qui ne fait pas plus acte de commerce que l'agriculteur, mais il est probable qu'il était patenté.

V. — Cédule agricole.

(Loi du 31 Juillet 1917, art. 16 à 22)

Assiette : 1º Moitié de la valeur locative.

Juisqu'ici, les agriculteurs ne payaient pour leur exploitation que la contribution foncière. Ils paieront désormais en outre sur les bénéfices de leur exploitation. « Un impôt annuel est établi sur les » bénéfices de l'exploitation agricole » (art. 16).

« Le bénéfice provenant de l'exploitation agricole est considéré, » pour l'assiette de l'impôt, comme égal à la moitié de la valeur loca- » tive des terres exploitées » (art. 17, alinéa 1).

Soit un revenu cadastral de 8,000 francs : la valeur locative sera de (8,000 + 8,000 : 4) = 10,000 francs, et le bénéfice imposable de 10,000 : 2 = 5,000 francs. Ce forfait est le seul moyen d'éviter une inquisition inadmissible et irréalisable : nombre de poules, d'œufs, de légumes ; rendement moyen du foin, etc. (Sénat, 20 Janvier 1914. Déb. S. O. 1914, p. 13).

L'assiette est donc la valeur locative, comme pour l'impôt foncier. Ladite valeur est *la même* pour la cédule foncière et la cédule agricole ; elle est déterminée par un forfait, comme on l'a vu au chapitre I de cette étude. — Il n'y a pas de déclaration à faire.

Sont comprises dans cette cédule :

— Les terres cultivées ;

— Les terres en friche ou en jachère, lorsqu'elles donnent une récolte quelconque (foin, combustible.....) ;

— « Les parcs, jardins, avenues, pièces d'eau, et tous les terrains » réservés au pur agrément, ou spécialement aménagés en vue de la » chasse » (art. 22), bien que ces terrains ne donnent pas de revenus. La loi considère leur caractère de luxe ; c'est un reste de l'impôt basé sur les signes extérieurs. En outre, en les frappant ainsi, elle espère les ramener à la culture, ce qui, en l'absence de main-d'œuvre, est un espoir quelque peu chimérique. (Faites pousser des haricots dans votre propriété de Talence : le sac de 100 kilos vous reviendra bien à 500 francs. L'arrêté du 12 Septembre 1917 le taxe à la vente 140 et 150 francs) ;

— Les exploitations forestières, d'après le calcul de la valeur locative annuelle exposé au chapitre I ci-dessus (page 13).

Sont exclues :

— Les terres en friche ou en jachère qui ne donnent aucune récolte : elles ne paient que l'impôt foncier ;

— Les exploitations forestières en montagne, dune ou lande, dans les trente premières années de leur plantation (art. 226 du Code forestier, auquel il n'est pas dérogé). La loi du 29 Mars 1897 réduit pour les autres terrains boisés, pendant la même période, l'impôt foncier à un quart : il semble donc qu'elle doive s'appliquer à l'impôt cédulaire. Peu importe que la cédule foncière soit dans la loi de 1914 et la cédule agricole dans celle de 1917, puisque l'impôt cédulaire est présenté par ses auteurs comme un ensemble destiné à remplacer les quatre contributions directes ;

— Les terrains d'agrément dont la superficie n'excède pas 1 hectare, et dont le revenu imposable n'est pas supérieur à 100 francs (art. 22, alinéa 2). C'est la décharge des petits jardins. La conjonction ET montre que les deux conditions doivent exister à la fois. Ces terrains sont l'objet d'un texte spécial (art. 22).

Pour entrer dans cette catégorie, les chasses doivent être *spécialement aménagées* (art. 22), c'est-à-dire gardées, garnies de pavillons pour le repeuplement, etc., et ne servir qu'à la chasse. Une propriété ou une forêt exploitée renfermant du gibier n'est pas une *chasse*;

— Les terrains à usage industriel ou commercial, qui ne sont pas des exploitations agricoles.

Au reste, doivent s'appliquer ici les définitions juridiques et économiques établies depuis longtemps pour le commerçant, l'industriel ou l'agriculteur. Par exemple, le vigneron brûlant sa récolte pour faire de l'eau-de-vie et la vendre, est un agriculteur, même s'il récolte 2.000 tonneaux et possède par suite une importante usine. S'il brûle pour les autres, c'est un intermédiaire, donc un industriel; etc., etc.

2º Bénéfice réel.

Il ne serait pas juste d'imposer au contribuable l'évaluation forfaitaire, si son bénéfice était restreint ou anéanti par gelée, maladie de la vigne, grêle, inondation, épizootie, etc. Aussi l'article 17 dispose dans le deuxième alinéa : « Toutefois, si le bénéfice réel de l'exploi-
» tation pendant l'année antérieure à celle de l'imposition n'a pas
» atteint le chiffre pris pour base d'imposition, l'exploitant peut, en
» apportant les justifications nécessaires, obtenir une réduction pro-
» portionnelle de l'impôt par voie de réclamation après l'établissement
» du rôle. »

Les mots « bénéfice » et « chiffre » prouvent que le bénéfice agricole doit alors être évalué en argent, pour se comparer à la valeur locative qui est calculée en francs. Par suite, l'agriculteur, le viticulteur surtout, qui garde ses récoltes en chai pour ne vendre chacune d'elles qu'au bout de deux ou trois ans (ou plus s'il met en bouteilles), pourra avoir de beaux bénéfices en 1917, même s'il n'a pas eu une grappe de raisin en 1916, parce qu'il aura vendu ses 1913 et 1914. Comment obtiendra-t-il l'avantage de cet article 17?

La raison conduira certainement, dans la pratique, à ne pas suivre aveuglément la lettre du texte ci-dessus. Il y aura lieu de l'adapter aux conditions des divers genres d'exploitations.

Il serait regrettable qu'en cas de sinistre affectant une ou plusieurs communes, chaque contribuable fût obligé de faire en ce qui le concerne la preuve complète du sinistre, alors que celui-ci serait connu de tout le monde, excepté du contrôleur, puisqu'il faudrait le lui prouver. Des syndicats agricoles consciencieux faciliteraient beaucoup le travail de l'administration et celui des contribuables, pour la constatation et l'établissement matériel des dégâts. Ils ont à cet égard toute compétence ; ils devraient donc avoir toute autorité, et naturellement toute responsabilité.

M. Dumesnil pose la question du calcul du bénéfice net en cas de métayage ou bail à moitié fruits (p. 482, 3e colonne). Dans ce cas, qui doit l'impôt ? Le propriétaire doit la cédule foncière, et le métayer la cédule agricole. Ni pour l'une ni pour l'autre il n'y a solidarité entre eux, devant le fisc, car la solidarité ne se présume pas (art. 1202 du Code. civil) et le Parlement a écarté un alinéa de la commission sénatoriale qui l'établissait. Peu importe leurs conventions particulières relativement à la répartition entre eux des charges fiscales. Le métayer calculera son bénéfice net, dé la même manière que le propriétaire exploitant lui-même.

Quant au fermier général, ou fermier qui sous-loue, il n'est pas agriculteur, puisqu'il ne cultive pas. Le rapport de M. Dumesnil le range parmi les professions visées aux articles 30 à 37 de la loi de 1917.

Calcul de l'impôt.

Art. 18. — « Sur le montant du revenu de l'exploitation agri-
» cole calculé ainsi qu'il est dit à l'article précédent, et lorsque la
» valeur locative réelle de l'exploitation n'excède pas 12.000 francs,
» l'exploitant n'est taxé que sur la fraction supérieure à 1.250 francs.
» Il a droit à une déduction :
» De deux tiers sur la fraction comprise entre 1.251 et 2.000 francs;
» Et d'un tiers sur la fraction comprise entre 2.001 et 3.000 francs.
» Le taux de l'impôt est fixé à 3.75 %. »

Le revenu, le bénéfice, les bénéfices..., ces trois mots paraissent employés un peu indistinctement. Mieux aurait valu un langage plus précis. Nous savons bien que dans une séance célèbre (10 Février 1916) la Chambre n'a pu différencier le revenu et le bénéfice, mais pourtant ce n'est pas impossible : le revenu d'une personne étant le total de ses bénéfices.

Le texte ci-dessus distingue donc, quel que soit le mode de calcul de la somme qui sert de base à l'impôt, forfait ou déclaration :
— Valeur locative totale de moins de 12.000 francs servant pour l'impôt foncier. — Soit : 10.000 francs.
Évaluation forfaitaire du bénéfice agricole : la moitié, soit 5.000 francs.

Exemption à la base.....	1.250	comptés pour........		0 »
De 1.251 à 2.000........	750	—	1/3...F.	250 »
De 2.001 à 3.000........	1.000	—	2/3.....	666 66
De 3.001 à 5.000........	2.000	—	le tout..	2.000 »
			F.	2.916 66

Cette somme sera arrondie probablement de 20 en 20 francs, comme en matière d'enregistrement, soit sur 2.920 francs à 3.75 % = 109 fr. 50.

C'est sur ce chiffre que se fait la déduction pour charges de famille, laquelle revient en somme à assez peu de chose : de 5 à 50 % sur 120 francs.

— Valeur locative de plus de 12.000 francs, servant pour l'impôt foncier. — Soit : 20.000 francs.

Bénéfice agricole forfaitaire : 10.000 francs. Ici, simple application du taux de 3.75 %, soit 375 francs, et déduction pour charges de famille.

— Terrains d'agrément imposables (art. 22). Le revenu est toujours la moitié de la valeur locative, selon l'article 17 auquel l'article 22 renvoie. « L'impôt est calculé sur la totalité de ce revenu, sans déduction » ni atténuation d'aucune sorte » (art. 22, alinéa 2). Cela demande une précision.

Les mots « sans déduction... », etc., visent l'exemption de 1.250 francs et les atténuations de l'article 18, ainsi que la réduction pour l'exploitation déficitaire de l'article 17. Soit donc notre exploitation de 10.000 francs ci-dessus, mais renfermant un parc de plus d'un hectare, d'un revenu imposable de 150 francs.

Mettons d'abord de côté la valeur du parc.

10.000 moins 150 = 9.850. Evaluation forfaitaire du bénéfice agricole : 9.850 : 2 = 4.925 francs.

Exemption à la base....	1.250 comptés pour......		0	»
De 1.251 à 2.000........	750	— 1/3.. F.	250	»
De 2.001 à 3.000.	1.000	— 2/3.....	666	66
De 3.001 à 4.925........	1.925	— le tout. .	1.925	»
			F. 2.841	66

Valeur du parc : 150 francs, dont la moitié 75 francs est comptée intégralement sans participer aux déductions.. 75 »

F. 2.916 66

Le résultat est le même que s'il n'y avait pas de parc. C'était à prévoir, car nous avons compté à la dernière tranche 1.925 francs, au lieu de 2.000 francs, et ajouté ensuite 75 francs. Il est pourtant difficile de conduire le calcul autrement, à moins de faire perdre à celui qui a un parc le bénéfice de toutes les déductions ; mais cela n'est pas dans les termes de l'alinéa 2 : « L'impôt est perçu sur la totalité DE CE REVENU... » Lequel ? Celui du parc, c'est-à-dire la moitié de la valeur locative (art 17).

Le possesseur d'un parc imposable ne semble pas non plus perdre droit à la déduction pour charges de famille, d'autant plus qu'en général on ne choisit pas pour faire un parc la partie la plus fertile d'un domaine.

« L'impôt est établi au nom des exploitants, dans la commune où » ils ont leur habitation principale au 1er janvier de l'année de l'impo- » sition, et d'après la consistance de leurs exploitations à la même » date » (art. 19).

C'est du droit nouveau. Jusqu'en 1917 on est imposé dans toutes les communes où l'on a des terres. Il en sera encore ainsi pour les centimes. Mais pour la part de l'Etat, on sera taxé dans la commune de son habitation, pour toutes les possessions agricoles que l'on peut avoir, où qu'elles soient. Le Parisien qui a une vigne dans le Midi, paiera à Paris la cédule agricole. Cette disposition, dit M. Dumesnil, ne comporte aucune exception (p. 483, 1re colonne).

Il y a beaucoup à dire sur ces quatre lignes, vraiment trop concises.

L'impôt au nom de l'exploitant vise bien le fermier ou le métayer et non le propriétaire, comme nous avons dit. Ce n'est donc pas le Parisien qui paiera la cédule agricole pour sa vigne du Midi : ce sera le fermier. M. Dumesnil s'est trompé.

Le contrôleur du lieu de l'exploitation et celui du domicile (l'habitation principale est bien le domicile) seront donc constamment en correspondance, l'un pour la vérification, l'autre pour la confection des rôles.

La fin de l'article 19 semble viser un impôt sur le capital. Mais l'impôt cédulaire est assis sur les revenus ou bénéfices encaissés l'année précédente. Si j'ai acheté une vigne au mois de Décembre, au 1er Janvier elle figure bien dans mon capital (dans ma succession si je décède ce jour-là), mais elle ne m'a pas donné une goutte de vin ; au contraire, elle m'a déjà coûté des labours d'hiver. Cette fin d'article est en contradiction avec le reste de la loi ; les travaux préparatoires ne l'éclairent pas ; elle ne peut que causer des difficultés ; mieux vaudrait qu'elle restât lettre morte.

Établissement des rôles. — Recouvrement.

Article 20. — « Les rôles de l'impôt sur les bénéfices de l'exploi- » tation agricole sont établis, et le recouvrement en est poursuivi » comme en matière de contributions directes. » Rien n'est donc changé à cet égard de ce que nous connaissons.

» En cas de déménagement du contribuable hors du ressort de la » perception, comme en cas de vente volontaire ou forcée, l'impôt est » immédiatement exigible pour la totalité de l'année courante. » — A condition bien entendu que les rôles soient établis et l'impôt liquidé.

Ce texte ne s'applique pas au cas de décès.

Contentieux.

Article 21. — « Les réclamations relatives à l'impôt sur les » bénéfices de l'exploitation agricole sont présentées, instruites et » jugées comme en matière de contributions directes.

» Toutefois, les réclamations présentées par application du » paragraphe 2 de l'article 17 ci-dessus, sont jugées et les décisions » prononcées en audience non publique ; en outre, les avis et commu- » nications qui s'y rapportent sont transmis dans les conditions » prévues par l'article 23 de la loi du 15 Juillet 1914, en ce qui » concerne l'impôt général sur le revenu. »

La juridiction visée est le Conseil de préfecture (loi du 21 Avril 1832). L'article 23 de la loi de 1914 soumet au secret professionnel les agents de l'administration, et leur prescrit d'adresser sous pli fermé toute leur correspondance fiscale.

VI. — Cédule des salaires, pensions et rentes viagères.

(Loi de 1917, art. 23 à 29)

Cette partie de la loi semble assez claire; il suffira de transcrire les articles avec quelques explications. Les débats furent très courts et les documents parlementaires très sobres.

La loi s'est proposé d'atteindre cette catégorie de revenus, salaires. pensions et rentes viagères, mais avec tous les ménagements nécessaires pour les travailleurs modestes. Actuellement, ceux-ci ne paient pas d'impôts sur leur salaire : ils paient la cote mobilière sur leur loyer, à un taux assez fort, puisque à Bordeaux un loyer de 600 francs, taxé sur 480 francs, est imposé (centimes compris) pour 105 fr. 97. (Etat, 47 fr. 59: Département, 25 fr. 59; commune, 32 fr. 79). En 1918, ils auront encore la charge des centimes, mais la part de l'Etat semble devoir être en général moins élevée. Au reste, le principal fictif servant à l'établissement des centimes, sera toujours assis sur le loyer.

Art. 23. — « Les revenus provenant des traitements publics et » privés. des indemnités (y compris expressément l'indemnité parle- » mentaire) et émoluments, des salaires; les pensions et les rentes » viagères, sont assujettis à un impôt... »

L'énumération est conçue en termes très généraux : elle n'est donc pas limitative. Elle s'applique — en dehors de l'indemnité parlementaire qui a un caractère spécial :

— Aux salaires des louages de services qui n'ont pas le caractère commercial à l'égard du salarié, c'est-à-dire qui consistent en la fourniture de services personnels : celle de services d'autrui étant une opération commerciale.

Ce contrat de louage de services est le plus fréquent de tous; c'est celui de tous les fonctionnaires de l'ordre civil, administratif, militaire : du chef de l'Etat au garde champêtre, du maréchal au simple soldat; c'est même celui des professions comprises dans la cédule suivante, pour laquelle il y aura lieu de trouver un caractère distinctif. Les expressions employées par la loi sont loin d'être les seules qui s'appliquent à la rémunération du louage de services. — C'est le contrat de l'employé, de l'ouvrier, du domestique, du matelot.

C'est aussi celui de l'artisan, mais ici se superpose une fourniture de matériaux qui commercialise le contrat, faisant entrer le salaire parmi ceux de l'article 13 (sauf le pêcheur, assimilable à l'agriculteur plus qu'au commerçant, même s'il a des matelots, comme l'agriculteur des garçons de ferme);

— Aux pensions de retraite de l'Etat, des Départements, communes, Compagnies de chemins de fer et autres entreprises publiques ou privées, notamment aux fameuses retraites ouvrières, pensions de la Légion d'honneur, de la médaille militaire, si elles atteignent le chiffre dont nous allons parler;

— Aux arrérages des rentes viagères, dont le taux plus élevé que celui des créances hypothécaires motive un traitement spécial.

Continuons l'article 23. L'impôt porte « sur la partie de leur mon- » tant annuel (celui des revenus) qui dépasse, savoir :

» 1° Pour les pensions et rentes viagères, la somme de 1.250 francs;

» 2° Pour les traitements, indemnités, émoluments et salaires, la
» somme de :
» 1.500 francs, si le contribuable est domicilié dans une commune
» de moins de 10.001 habitants:
» 2.000 francs. si le contribuable est domicilié dans une commune
» de 10.001 à 100.000 habitants:
» 2.500 francs. s'il est domicilié dans une commune de plus de
» 100.000 habitants:
» 3.000 francs, si le contribuable est domicilié à Paris, dans le
» département de la Seine et dans les communes de la banlieue, dans
» un rayon de 25 kilomètres des fortifications de Paris.
» En outre, pour le calcul de l'impôt, la fraction du revenu impo-
» sable, comprise entre le minimum exonéré et la somme de 5.000 francs,
» est comptée seulement pour moitié.
» Le taux de l'impôt est fixé à 3.75 °/₀ »

La loi tient compte de la population de la commune habitée,
parce que dans les grandes villes la vie est plus chère qu'à la campagne,
les loyers surtout. Les sommes exonérées sont considérées comme le.
minimum nécessaire, eu égard à l'importance de la commune.

Beaucoup de salariés vont être atteints, qui ne s'y attendent pas :
tous les officiers et la plupart des sous-officiers, surtout avec la solde de
guerre qui est bien un « traitement public »; tous les ouvriers, notamment ceux des usines de l'Etat : il en est peu qui ne gagnent pas 10 francs
par jour.

Un impôt sur les militaires qui se battent ne laisse pas que d'avoir
un côté choquant. Quant aux contraintes pour le recouvrer, soit contre
eux parmi les hasards de la guerre, soit contre leurs familles, elles sont
franchement inadmissibles, et dans bien·des cas impossibles.

Les ouvriers, surtout ceux des usines de guerre, sont moins ·inté-
ressants que ceux du front. Ils (et elles) gaspillent assez d'argent.

Art. 24. — « Pour la détermination des bases d'imposition, il est
» tenu compte du montant net réel des traitements, indemnités et émo-
» luments, salaires, pensions et rentes viagères, ainsi que de tous les
» avantages en argent ou en nature accordées aux intéressés en sus des
» traitements, indemnités, émoluments, salaires, pensions et rentes
» viagères proprement dits. »

Le montant net réel est le salaire moins les retenues qui peuvent
être faites, et plus les avantages pouvant exister en sus.

Voici un exemple de liquidation de l'impôt sur le salaire d'un
employé de chemin de fer gagnant 3.000 francs à Bordeaux.

Montant nominal............ .. ..F.	3.000
Retenue pour la retraite, 5 °/₀ par exemple.	150
	F. 2.850
Etrennes......,........ ....·.·.......	200
Indemnité spéciale de vie chère.... .. ..,....·.	150
Permis de circulation sur le réseau...·	100
	F. 3.300
Déduction à la base (ville de plus de 100.000 âmes)..	2.500
	F. 800

Les chiffres ci-dessus sont donnés à titre d'exemple et sans aucune prétention à l'exactitude.

Sur 800 fr. comptés pour un demi ou 400 fr. à 3.75 %. 15 »
Déductions pour charge de famille (qui portent sur l'impôt et non sur le revenu), deux personnes par exemple : 10 %..... .. .. 1 50

F. 13 50

Art. 25. — « L'impôt est dû chaque année à raison des traitements, » indemnités et émoluments, salaires, pensions et rentes viagères, dont » les intéressés ont bénéficié au cours de l'année précédente.

« » Il est établi au nom des bénéficiaires, dans la commune où ils » sont domiciliés au 1er Janvier de l'année de l'imposition. »

Le premier alinéa est l'application du même principe que pour les cédules perçues par voie de rôles. Pour l'année 1917 il n'y aura rien à payer, mais en 1918 chacun devra sur la base de son salaire de 1917.

Celui qui décède avant le 1er Janvier 1918 ne doit rien pour 1918. Celui qui décède après le 1er Janvier 1918 doit pour 1918 sur 1917, soit lui-même, soit sa succession. Dans ce dernier cas, l'impôt devrait être déductible de la déclaration de succession, non comme capital, mais comme dette exigible : on fait bien comprendre dans l'actif les prorata d'arrérages, qui ne sont pas du capital.

Le revenu est porté à la connaissance du contrôleur, non par déclaration, mais par dénonciation. Le salarié n'a rien à faire. « Tous » particuliers et toutes sociétés ou associations occupant des employés, » commis, ouvriers ou auxiliaires, moyennant traitements, salaire ou » rétribution, sont tenus de remettre, dans le courant du mois de » janvier de chaque année, au contrôleur des contributions directes, » un état indiquant :

» 1° Les noms et adresses des personnes qu'ils ont occupées au » cours de l'année précédente;

» 2° Le montant des traitements, salaires et rétributions payés à » chacune d'elles, pendant ladite année;

» 3° La période à laquelle s'appliquent ces paiements lorsqu'elle » est inférieure à une année, mais supérieure à trente jours consé- » cutifs.

» La disposition qui précède n'est toutefois applicable qu'en ce » qui concerne les personnes dont les traitements, salaires et rétri- » butions, calculés conformément aux prescriptions de la présente » loi et ramenés à l'année, dépassent le minimum assujetti à l'impôt» (art. 26). Même procédé pour les rentes viagères (art. 27).

Ce système de dénonciation n'est pas fait pour calmer les haines des ouvriers contre le patron (Sénat, débats. Séances 12 Février 1914, p. 139; 25 Février 1914, p. 223).

Avec ces renseignements et tous autres qu'il peut recueillir, le contrôleur fixe les bases de l'impôt; les intéressés peuvent réclamer après l'établissement du rôle (art. 28).

« Art. 29.— Toute infraction aux prescriptions des articles 26 et » 27 ci-dessus donne lieu à l'application d'une amende de 5 francs,

» encourue autant de fois qu'il est relevé d'omissions ou d'inexac-
» titudes dans les renseignements qui doivent être fournis en vertu
» de ces deux articles » (5 francs, plus 2 décimes 1/2 par franc,
soit 6 fr. 25).

    « L'amende sera prononcée par le Conseil de Préfecture, statuant,
» comme en matière de contraventions, sur requête présentée sans
» frais par le Directeur des Contributions directes. »

    « La copie de la requête sera notifiée aux contrevenants par les
» soins du Conseil de Préfecture.

    » La prescription ne sera acquise qu'après l'expiration de la
» quatrième année suivant celle au cours de laquelle l'infraction aura
» été commise.

    « L'amende sera recouvrée par le percepteur des contributions
» directes. »

    — On espère que les chefs de famille, dont la bonne à tout faire
gagne 30 ou 40 francs par mois, ne seront pas obligés d'établir que
celle-ci gagne moins de 1 500 francs, afin de justifier l'omission de
leur déclaration, et d'éviter l'amende.

VII. — Cédule des professions libérales.

Assujettis :

    Article 30. — « Les bénéfices des professions libérales, des charges
» et offices dont les titulaires n'ont pas la qualité de commerçants, et
» de toutes occupations ou exploitations lucratives non soumises à
» un impôt spécial sur le revenu, sont assujettis à un impôt annuelle-
» ment établi à raison du bénéfice net de l'année précédente constitué
» par l'excédent des recettes totales sur les dépenses nécessitées par
» l'exercice de la profession. »

    Les titulaires de ces professions louent bien leurs services, mais
leur profession jouit d'un privilège qui la rend plus lucrative que celle
des salariés soumis à une concurrence plus étendue; ce sont les
suivants :

    Notaires, avoués, huissiers, avocats, greffiers, commissaires-pri-
seurs, agréés au Tribunal de commerce, médecins, chirurgiens, den-
tistes, sages-femmes (le pharmacien est un commerçant).

    Ce sont aussi les suivants, bien que n'ayant pas de privilège :

    Fermier principal qui sous-loue; héritier d'un homme de lettres
ou autre touchant des droits d'auteur, ingénieur, professeur, artiste
peintre, sculpteur, musicien, architecte, homme de lettres travaillant
pour le public, à l'exclusion de celui attaché à une entreprise déterminée, qui est un salarié;

    Ecclésiastique du clergé paroissial ou diocésain, à l'exclusion de
l'aumônier qui est un salarié.

    Géomètre expert, et tous autres experts de profession;

    Le photographe est un commerçant.

Graveur en médailles ou pierres fines: le graveur sur cuivre est un artisan.

M. Dumesnil cite l'intermédiaire qui touche une commission pour une vente quelconque; ce n'est pas bien exact. Le courtier est un commerçant (Code de commerce, art. 632), même le courtier d'immeubles. Il ne peut donc s'agir ici que d'un acte de commerce isolé.

La distinction entre le salarié et l'homme exerçant une profession libérale est parfois délicate. Beaucoup participent aux deux caractères, par exemple le musicien qui joue à l'orchestre d'un théâtre, et donne des leçons en ville : celui-là entre dans deux cédules, il aura donc deux feuilles d'impôt.

Un caractère essentiel de la profession libérale imposable, résulte du mot *lucratives* employé par l'article 30. Ce mot vise les exploitations ou occupations qu'un homme ou une société exerce dans le but de réaliser des bénéfices et de se les approprier.

Ne sont donc pas imposables à cette cédule les professions exercées gratuitement ou dans un but de bienfaisance, ce que l'on ne peut trop approuver. Exemple :

Les consultations données gratuitement par un médecin aux indigents ne sauraient entrer en ligne de compte pour la fixation de la somme servant de base à l'impôt. C'est tout naturel, puisqu'elles ne rapportent pas un bénéfice.

Il en est de même : des opérations faites gratuitement par un chirurgien, dentiste, sage-femme, soit chez lui, soit dans une clinique gratuite: des cliniques gratuites elles-mêmes, des bureaux d'assistance judiciaire, des œuvres telles que la Société de Saint-François-Régis qui régularise l'état-civil des indigents, des Sociétés de Saint-Vincent-de-Paul, et autres qui, loin de procurer à leurs membres un avantage pécuniaire, subsistent surtout par les cotisations ou souscriptions de ces mêmes membres.

Autre est le cas d'une Société d'intérêt général qui fournit à ses adhérents, en échange de leurs cotisations, des renseignements ou des consultations juridiques; d'un Syndicat professionnel, d'une Société de secours mutuels.

Une Œuvre de patronage des libérés, d'aveugles travailleurs, de rééducation des mutilés, etc., peut se livrer à la culture, à l'industrie, au commerce, sans constituer pour cela une exploitation au sens fiscal du mot, ni au sens économique, c'est-à-dire une entreprise ayant pour but de réaliser des bénéfices et de les répartir entre ses membres. L'élément mercantile, essentiel à l'acte de commerce ou à l'exploitation, fait ici défaut, si les bénéfices réalisés sur la vente sont employés intégralement à l'extension de l'œuvre, c'est-à-dire à recueillir de nouveaux libérés, aveugles, mutilés, réfugiés, et si les fonctions d'administrateur sont entièrement gratuites. L'élément lucratif visé ci-dessus manque également. Ces œuvres ne sont donc comprises ni dans la cédule commerciale, ni dans la cédule libérale.

L'exonération des œuvres de bienfaisance, dont la haute portée morale n'échappe à personne, est certainement compensée par l'extension de la présente cédule à toutes les professions libérales qui ne payaient pas la patente.

Assiette :

L'impôt est assis sur le bénéfice net, déduction faite des charges professionnelles, ou comme dit la loi, « nécessitées par l'exercice de » la profession ».

« Une jurisprudence, dit M. Dumesnil, s'établira vite qui déter- » minera ces dépenses dont l'énumération détaillée ne pouvait être » inscrite dans la loi. Autant de professions et de manières d'exercer » la profession, autant de cas d'espèces. Par exemple, l'avocat, le » médecin, pourront déduire de leur loyer » (mot impropre : le loyer est une des bases de la patente, mais pas de l'impôt cédulaire ; il fau- drait : déduire de leur revenu brut, « un certain chiffre correspondant » aux locaux spéciaux qui leur servent à recevoir leurs clients, à » l'achat des livres techniques de leurs bibliothèques, etc. Le médecin » déduira la voiture qui lui sert pour ses visites. Des gens de lettres » pourront décompter des frais de secrétariat, de traduction, etc. ; et » les journalistes les frais de déplacement de leurs reportages, etc. » Mais il ne paraît pas qu'un peintre ou un sculpteur, qui pourra » défalquer le loyer de son atelier, ses frais de modèles, etc., puisse » également soustraire de son revenu les débours d'un voyage d'art en » Italie, au cours duquel l'agrément personnel tient autant de place » que l'étude. » (Voir l'énumération du décret du 17 Décembre 1917.)

Il résulte bien de là que la première déduction à faire est celle du loyer de l'étude, cabinet, atelier, frais de personnel et autres. Les Syndicats professionnels feront bien de s'entendre avec l'Administra- tion afin de déterminer, une fois pour toutes, les impenses nécessaires et les impenses voluptuaires, pour parler le langage du droit civil. Ils éviteront à leurs membres beaucoup de désagréments, aux contrôleurs beaucoup de difficultés.

Art. 31. — « L'impôt ne porte que sur la partie du bénéfice net » dépassant la somme de :

» 1.500 francs, si le contribuable est domicilié dans une commune » de moins de 10.000 habitants ;

» 2.000 francs, dans les communes de 10.001 à 100.000 habitants ;

» 2.500 francs, — — de plus de 100.000 —

» 3.000 francs, à Paris, dans le département de la Seine et dans » les communes de la banlieue, dans un rayon de 25 kilomètres des » fortifications de Paris. »

» En outre, pour le calcul de l'impôt, la fraction du bénéfice net » comprise entre le minimum exonéré et la somme de 5.000 francs est » comptée seulement pour moitié.

» Le taux de l'impôt est fixé à 3 fr. 75 %. »

C'est le même texte que le 2° de l'article 23 relatif aux salaires. Il y a donc lieu de renvoyer le lecteur aux explications données à cet égard dans le précédent chapitre.

L'article 31 ajoute : « Par dérogation aux dispositions qui précèdent, » l'impôt est calculé, pour les charges et offices visés à l'article 30, » dans les conditions et d'après le taux fixé par l'article 12, en ce qui » concerne les professions commerciales. »

Ces charges sont celles de notaire, avoué, huissier, greffier, commissaire-priseur, agréé, avocat à la Cour de cassation.

L'agent de change, le courtier maritime, le courtier juré sont des commerçants (art. 632 du Code de commerce).

Nous reproduisons l'article 12 : « Pour le calcul de l'impôt, la » portion du bénéfice n'excédant pas 1.500 francs est comptée pour un » quart; la fraction comprise entre 1.500 et 5.000 pour un demi; le » surplus pour la totalité. Le taux de l'impôt est fixé à 4.50 %. »

Cette exception se justifie par le privilège attaché à ces charges.

Article 32. — « L'impôt est dû dans la commune où le contribuable » a son domicile au 1er Janvier de l'année de l'imposition. »

Article 33. — « Toute personne passible de l'impôt à raison de » bénéfices réalisés dans l'exercice de l'une des professions visées à » l'article 30, est tenue de produire dans les trois premiers mois de » chaque année une déclaration du montant de ses bénéfices. »

Le délai de trois mois paraît suffisant, à condition que les contribuables veuillent bien s'en occuper.

Article 34. — « La déclaration est adressée au contrôleur des con- » tributions directes du lieu du domicile du contribuable. Il en est » délivré récépissé. »

Article 35. — « Le contrôleur prend pour base de l'impôt le chiffre » du bénéfice déclaré, à moins qu'il ne le reconnaisse inexact. Dans ce » dernier cas, il peut le rectifier, mais il fait alors connaître à l'inté- » ressé, avant d'établir l'imposition, le chiffre qu'il se propose de » substituer à celui de la déclaration, en indiquant les motifs qui lui » paraissent justifier le redressement; il invite en même temps » l'intéressé à présenter, s'il y a lieu, ses observations par écrit ou » verbalement, dans un délai de vingt jours. Si le désaccord persiste, » le contribuable conserve le droit de contester, après l'établissement » du rôle, le chiffre arrêté par le contrôleur. Le tribunal saisi du litige » apprécie les motifs invoqués par l'Administration et par le contri- » buable, en tenant compte, s'il y a lieu, des obligations du secret » professionnel, et fixe la base d'imposition. »

On ne peut refuser à l'Administration le droit de contrôle. La procédure en est suffisamment indiquée par le texte ci-dessus. La preuve, dit M. Dumesnil, n'incombe obligatoirement à personne; elle doit donc être faite, selon le droit commun, par celui qui avance le fait à prouver, la déclaration devant être réputée exacte jusqu'à preuve contraire. La Commission de la Chambre a écarté le règlement d'administration publique qui devait déterminer les formes de la déclaration : celle-ci n'est donc soumise à aucune forme spéciale; c'est là jurisprudence au lieu de la réglementation. Le tribunal est le Conseil de Préfecture, comme en matière de contributions directes.

M. le député Leredu, avocat, a insisté pour qu'en communiquant leurs livres, l'avocat ou le médecin ne soient pas obligés de faire connaître le nom du client et la nature de l'affaire ou de la maladie. M. le Ministre a répondu que le contrôleur lui-même est tenu du secret; on peut être convaincu qu'il le respectera scrupuleusement (séance du 18 Juillet, p. 1857).

, Article 36 — « Tout contribuable astreint à la déclaration prévue
» par l'article 33, qui ne souscrit pas cette déclaration dans les trois
» premiers mois de l'année, est invité par le contrôleur à la produire
» dans un nouveau délai de vingt jours. passé lequel le bénéfice
» imposable est déterminé d'office, sauf réclamation du contribuable
» après l'établissement du rôle. Mais dans ce cas, l'impôt est majoré
» de moitié. »

Il semble donc n'y avoir pas de pénalité si la déclaration est faite
dans les vingt jours du premier avis du contrôleur.

Article 37.- — « En cas de déclaration reconnue inexacte, l'impôt
» est porté au double sur la portion' du bénéfice dissimulée. Cette
» majoration n'est toutefois applicable que si l'insuffisance constatée
» est supérieure au dixième du bénéfice réel ou si elle excède
» 10.000 francs.

» Si l'insuffisance est découverte après l'établissement du rôle, un
» supplément de cotisation peut être réclamé au contribuable, soit
» dans l'année même de l'imposition, soit au cours des cinq années
» suivantes. »

Le mot « dissimulé » montre que l'intention frauduleuse est un
élément essentiel du délit fiscal.

Cette cédule comporte les déductions pour charges de famille.

VIII. — **Revenus des créances, dépôts et cautionnements.**

Article 38. — « L'impôt sur le revenu des capitaux mobiliers
» établi par les articles 31 et suivants de la loi du 29 Mars 1914, et
» dont le taux a été modifié par l'article 11 de la loi du 30 Décem-
» bre 1916 (porté à 5 °/₀), s'applique aux intérêts, arrérages et tous
» autres produits :

' » 1° Des créances hypothécaires, privilégiées et chirographaires,
» à l'exclusion de toute opération commerciale ne présentant pas le
» caractère juridique d'un prêt ;

» 2° Des dépôts de sommes d'argent, à vue ou à échéances fixes,
» quel que soit le dépositaire et quelle que soit l'affectation du dépôt ;

» 3° Des cautionnements en numéraire. »

Il a été précisé que les comptes de dépôts en banque seraient
soumis à l'impôt pour leurs intérêts, et que le compte-courant, suppo-
sant une réciprocité de remises destinées à se balancer en un solde
définitif à la clôture, ne serait pas atteint, pas plus que les billets de
commerce. Le rapporteur a ajouté que, dans le calcul de ses bénéfices en fin d'année, le déposant aura le droit de faire la déduction de
l'impôt qu'il aura payé pour les intérêts de ce dépôt, afin de n'être pas
frappé deux fois sur la même somme. M. le Ministre a ajouté que les
intérêts seront le produit des bénéfices et ne seront pas comptés
comme bénéfices (séance du 18 Juillet 1917, p. 1858). Cette partie des
débats a été peu claire. Comparez la séance du Sénat, 18 Mars 1914,
p. 419.

Article 39. — « Sont affranchis de l'impôt sur le revenu des capi-
» taux mobiliers :

» 1° Les intérêts des sommes inscrites sur les livrets de 'Caisse
d'épargne ;

» 2° Les intérêts des créances hypothécaires ou privilégiées en
» représentation desquelles les Sociétés ou Compagnies autorisées par
» le Gouvernement à faire des opérations de crédit foncier ont émis
» des obligations, titres ou valeurs soumis eux-mêmes à l'impôt sur
» le revenu. »

Les livrets de Caisse d'épargne sont le mode de constitution des
petits capitaux : la loi leur fait une faveur à ce titre.

Art. 40. — « L'impôt est liquidé sur le montant brut des intérêts,
» arrérages ou tous autres produits des valeurs désignées à l'article 38
» ci-dessus.

» Pour lesdites valeurs, la retenue de l'impôt est opérée au moyen
» de l'apposition de timbres mobiles sur la quittance ou tout autre
» écrit constatant le paiement ou l'inscription au crédit d'un compte
» des intérêts, arrérages ou tous autres produits.

» Le droit est à la charge exclusive du créancier, nonobstant toute
» clause contraire, quelle qu'en soit la date ; toutefois, le créancier et
» le débiteur sont tenus solidairement.

» Toute infraction aux dispositions du présent article sera punie
» d'une amende de 50 francs, à la charge de chacun des contrevenants,
» indépendamment du paiement, par le créancier, d'une amende égale
» au quintuple des droits dont le Trésor a été privé pour chacune des
» années antérieures à celle de la découverte de l'infraction, sans
» toutefois que le droit de répétition puisse s'étendre à plus de
» dix années. »

Ce montant brut est l'intérêt stipulé par le titre obligatoire : sur
10.000 francs à 5 %. c'est 500 francs par an, sans déduction des frais
de recouvrement, frais de justice, frais de courtage, mais avec déduction des réductions imposées par autorité de justice sur le montant
des intérêts (notamment en cas d'ordre ou de distribution par contribution) (Rapport de M. Dumesnil, p. 486).

Le droit est à la charge du créancier. Depuis environ quinze ans,
les contrats d'obligation contenaient la clause suivante : « Il est expres-
» sément convenu... que si un impôt venait à être établi sur le revenu
» des créances hypothécaires, cet impôt serait, nonobstant toutes lois
» contraires, à la charge du débiteur, et que si celui-ci se refusait à le
» supporter, le capital présentement prêté deviendrait immédiatement
» exigible. si bon semblait au prêteur, sans qu'il eût à remplir aucune
» formalité judiciaire. »

Depuis la loi du 31 Juillet 1917, des notaires ont cessé d'insérer
cette clause, désormais sans effet. Mais de plus, ladite loi contient une
disposition rétroactive : « ...nonobstant toute clause contraire, quelle
» qu'en soit la date... », enlevant toute valeur aux stipulations
antérieures.

Le débiteur est tenu solidairement du droit : il est obligé de le
payer si le créancier ne le paie pas, et doit de plus une amende de

50 francs (avec les décimes, 62 fr. 50). Il lui faudra donc à partir du 1er Janvier 1918, et pour tous les paiements d'intérêts qu'il fera après cette date, s'assurer, avant de payer, que la quittance porte bien des timbres mobiles pour une somme égale à 5 % de la somme dont quittance.

Quels timbres? demandera le créancier. Il a été créé des timbres fiscaux spéciaux par décret du 20 Décembre 1917, publié à l'*Officiel* du 28. L'annulation en est la même que celle du timbre de quittance. On les trouve chez les receveurs d'Enregistrement et les débitants de papier timbré.

Art. 41. — « Le recouvrement de l'impôt sur le revenu des capi-
» taux mobiliers sera assuré, et les instances introduites et jugées
» comme en matière d'enregistrement.

» Les dispositions de la loi du 26 Juillet 1893, article 21, seront
» applicables aux actions respectives du Trésor et des redevables, sauf
» le cas prévu au dernier alinéa de l'article 40. »

Cet article 21 de la loi du 26 Juillet 1893 se trouve, avec la jurisprudence qui le concerne, dans le Code de l'enregistrement de la collection Dalloz.

L'article 42 de la loi de 1917 établit un principe nouveau. Il est ainsi conçu : « Le propriétaire d'un immeuble affecté par hypothèque,
» privilège ou antichrèse à la garantie d'une créance, a le droit d'obtenir,
» sur sa demande, le dégrèvement de l'impôt foncier (part de l'Etat)
» afférent à cet immeuble, jusqu'à concurrence de la fraction de cet
» impôt frappant un revenu égal aux intérêts de cette créance.

» La demande en dégrèvement est présentée, instruite et jugée
» comme en matière de contributions directes. Elle doit être produite
» dans les trois mois de la date du paiement des intérêts, et appuyée
» de la quittance ou de l'écrit libératoire dûment revêtu des timbres
» mobiles prévus par l'article 40.

» Les intérêts des dettes chirographaires seront déduits des
» revenus du débiteur, à l'exception de ceux (c'est-à-dire des revenus)
» provenant de valeurs mobilières. »

Cet alinéa contenait une disposition le restreignant aux dettes ayant date certaine : cette restriction a été supprimée par la Chambre, le 18 Juillet (p. 1358). Notre alinéa s'applique donc à toutes dettes chirographaires, ayant ou n'ayant pas date certaine.

« Pour obtenir le bénéfice de cette déduction, les contribuables
» devront en faire la demande et justifier que la dette existe réellement,
» que les intérêts de la dette alléguée ont été effectivement payés au
» créancier, et qu'ils ont été frappés de l'impôt prévu par l'article 38.

» La déduction est imputée d'abord sur les revenus de l'entreprise
» ou de l'exploitation pour les besoins de laquelle la dette aura été
» contractée. En cas d'insuffisance desdits revenus, ou à défaut de
» justification concernant la cause de la dette, l'imputation est faite
» successivement sur les revenus des catégories taxées au taux le moins
» élevé. » — La comparaison des taux respectifs des diverses cédules peut n'être pas sans difficultés.

» Lorsque des valeurs mobilières ont été constituées en gage ou

» nantissement de créances, le débiteur peut obtenir le remboursement
» de l'impôt sur le revenu desdites valeurs, jusqu'à concurrence des
» droits perçus sur les intérêts de sa dette, et à la condition : 1º de
» présenter la demande et les justifications prévues par le quatrième
» paragraphe du présent article; 2º de justifier que l'impôt sur le revenu
» des titres constitués par lui incombe au porteur de ces titres et a été
» payé par lui. »

Art. 43. — « Un règlement d'administration publique déterminera
» les mesures d'exécution des articles compris sous le titre V de la
» présente loi », c'est-à-dire de la présente cédule.

Nous donnons maintenant un tableau contenant un exemple des
calculs afférents à l'impôt cédulaire.

APPLICATION DE L'IMPOT SUR LES REVENUS
ET DE L'IMPOT COMPLÉMENTAIRE
à un Commerçant-Rentier à Bordeaux

	ASSIETTE DE L'IMPOT COMPLÉMENTAIRE	MONTANT DES IMPOTS CÉDULAIRES

CÉDULE COMMERCIALE
(Déclaration à faire)

	ASSIETTE DE L'IMPOT COMPLÉMENTAIRE	MONTANT DES IMPOTS CÉDULAIRES
Bénéfice inventaire Maison de commerce . . . . F.	69.372 30	
A DÉDUIRE : Part 1/2 État sur bénéfice supplémentaire. . . .	21.411 85	
Compte tenu du minimum de 5.000 francs, non imposable.		
REVENU NET . . . . F.	47.960 45	

CALCUL DE L'IMPOT CÉDULAIRE

F. 1.500 comptés pour 1/4 soit . . . F. 375
    3.500 — 1/2 — 1.750
    42 960 — totalité 42.960
F, 47.960   F. 45.085

		MONTANT DES IMPOTS CÉDULAIRES
45.085 francs à 4,50 % . . . .F.		2.028 20
A DÉDUIRE : Charges famille, 1 enfant 5 % . . . . ?		
— 2 — 10 % . . . . . ?		?

CÉDULE DES IMMEUBLES BATIS
(Pas de déclaration à faire)

	VALEUR LOCATIVE NETTE conforme à celle de la contribution foncière	5 % Etat	CENTIMES ADDITIONNELS MONTANT DES COTES — Département	Commune		ASSIETTE DE L'IMPOT COMPLÉMENTAIRE	MONTANT DES IMPOTS CÉDULAIRES
1º Maison . F.	1.537 50	76 87 +	50 32 +	77 84 =	205 03		
2º Maison	450 »	22 50 +	15 08 +	23 55 =	61 13		
3º Maison	1 020 »	51 » +	29 58 +	43 49 =	127 07		
4º Maison	375 »	18 75 +	13 16 +	20 94 =	52 85		
F.	3.382 50			F.	443 08	3 382 50	443 08
A DÉDUIRE : Charges famille, 1 enfant 5 % . . ?							
— 2 — 10 % . ?'							?

CÉDULE VALEURS MOBILIÈRES
(Pas de déclaration à faire)

					ASSIETTE DE L'IMPOT COMPLÉMENTAIRE	MONTANT DES IMPOTS CÉDULAIRES
Brut : 1.141 95	Net : 1.141 95	Rente 3 % État	F.	1.141 95		
— 3.850 »	— 3.850 »	— 5 % —	.	3.850 »		
— 2.500 »	— 2.500 »	Bons Défense	.	2.500 »		
— 2.378 »	— 2.376 10	Actions P.-L.-M. Ch. de fer	.	2.376 10		
— 1.665 »	— 1.662 60	— Est —	. . .	1.662 60		
— 1.335 »	— 1.332 25	Oblig. hyp. Argentine.		1.332 25		
					12.862 90	
A reporter . . . . F.					64.205 85	2.471 28

<table>
<thead>
<tr><th></th><th>ASSIETTE DE L'IMPOT COMPLÉMENTAIRE</th><th>MONTANT DES IMPOTS CEDULAIRES</th></tr>
</thead>
<tbody>
<tr><td>*Report.*   F.</td><td>64.205 85</td><td>2.471 28</td></tr>
</tbody>
</table>

CÉDULE DES PROPRIÉTÉS DE RAPPORT
(Pas de déclaration à faire)

DEUX IMPOTS A PERCEVOIR

Base commune comportant le montant total de la location enregistrée, soit.   .F.   6.000 »

1º Calcul de l'Impôt cédulaire sur l'immeuble non bâti.

Revenu brut : 6.000 francs..   4/5 : Net.... | 4 800 »

     4.800 francs à 5 %. .   F.   240 »| . . . . | 240 »

PLUS : Centimes départementaux et communaux, variables suivant départements et communes... . .   ? | ?

A DÉDUIRE ; Charges famille, 1 enfant 5 %..   ?
      —   2   —   10 %,%. . . . .   ? | ?

2º Calcul de l'Impôt cédulaire sur les bénéfices agricoles.

Base : 1/2 de la location brute enregistrée . . . . . .F.   3.000 »

1.250 »	0	
750 » comptés pour 1/3 :	250	
1.000 » — 2/3 :	666 66	

F.   3.000 »   F.   916 66 à 3 75 %.. . . . . | 34 37

A DÉDUIRE : Charges famille, 1 enfant 5 %.   ?
      —   2   —   10 %..   ? | ?

IMPOT COMPLÉMENTAIRE
(Déclaration à faire)

Base : Le TOTAL DE CELLES DES CÉDULES, ou.. .. . . . . .F. | 69.005 85

DÉDUCTIONS

Épouse........ .... F.   2.500 »
Emprunt hypothécaire.. .. ..   2.000 »   4.500 »

1 enfant ou personne à charge. 1.000   ?
2   —   . ... 2.000   ?
3   —   .. .. 3.000   ?
6   —   .. . . 6.000   ?   ?

       TOTAL A DÉDUIRE........ .. | 4.500 »

| | 64.505 85 |

LIQUIDATION DE L'IMPOT COMPLÉMENTAIRE

F. 3.000 » comptés pour........	0	
5.000 » — 1/10.....	500 »	
4.000 » — 2/10.....	800 »	
4.000 » — 3/10.....	1.200 »	
4.000 » — 4/10.....	1.600 »	
20.000 » — 5/10.... ...	10.000 »	
20.000 » — 6/10........	12.000 »	
4.505 85 — 7/10...	3.154 06	
F. 64.505 85 base de la 1re colonne..	29.254 10	

       Soit : à 12 50 %...F. | 3.656 75

| | 6.402 40 |

TABLE DES MATIÈRES

20207. — Imp. F. Pech et Cie, 7, rue de la Merci, Bordeaux